みんなが喜んでくれるから、俺も幸せ

料理は、俺の幸せ。

今の楽しみは、何といっても食べることだ。

食を通して幸せをいただく。

食を通して幸せを渡す。

〝人生100年時代〟に一番大事なことは、この幸せの受け渡しだと考えている。

だから、この本を手に取ってもらい、今まで自分が作ってきた料理をみんなの幸せにつなげられたら、とてもうれしい。


昔から、食べることが大好きだった。

家でも船でも、どうしたらもっとおいしくできるかを考え、自分なりに調味料や調理法を工夫して、試行錯誤しながら料理してきた。そうやってたどり着いた一番おいしい味をみんなにふるまうことが、俺の喜びでもあった。

中でも特によく作った料理、好評だった料理を選び出し、一冊の本にまとめることができたのは、とてもうれしい。どの料理も、俺の自信作だ。「おいしい」と喜んでくれる家族、友人、海の仲間たち――その幸せそうな笑顔を見て、自分も「ああ、幸せだなあ。もっとおいしい料理を作って、みんなを驚かせたい、もっともっと喜ばせたい」と思い続けてきた。だから、どんどんレパートリーが増えたんだな。

料理だけじゃない。

俺がやってきたことは全部、みんなが喜んでくれるから、長く続けてこられたんだと思う。

歌を歌うことも、絵を描くことも、人を幸せにできるからこそ楽しい。それは俺にとって、最高の幸せだ。

そうじゃなきゃ、できないよ。

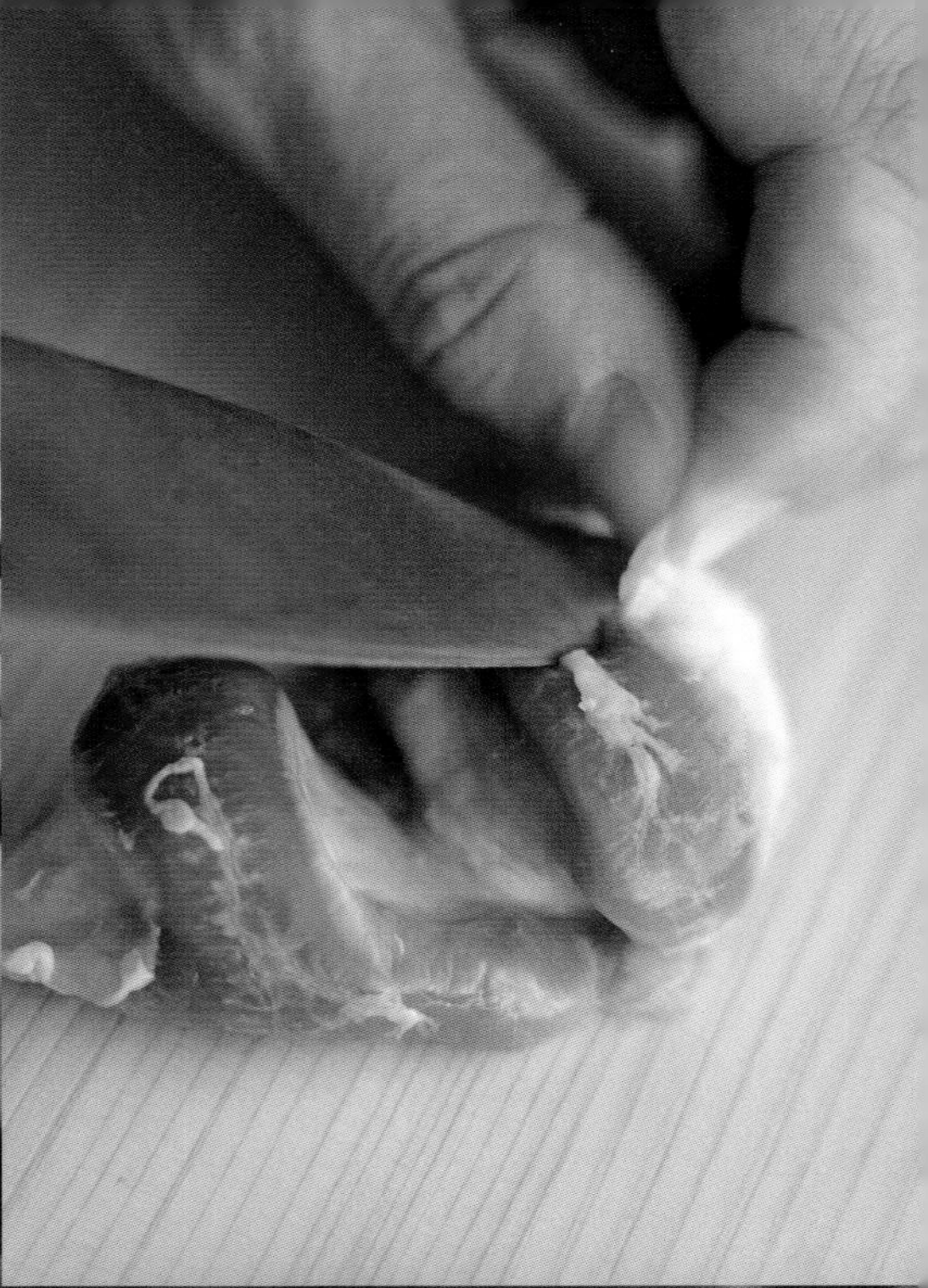

池端

もし誰も俺の料理を褒めてくれなかったら、こんなに作ってこなかっただろうね(笑)。

誰かが喜ぶ顔を思い浮かべるから、おいしい料理が作れるんだ。

それは、すごく大切なことだよね。

生まれて初めての料理は、貝の佃煮

俺の原点は、茅ヶ崎で育った幼少期にある。

いつも海で遊び、海に育てられてきた。

小学生のころ、相模湾に面した広い砂浜で、あさりでもはまぐりでもない、よくわかんない貝をバケツに山ほど採ってきたら、おふくろが「こんなにいっぱい、どうするの?」と言う。それで、かまどで大きな鍋3つにお湯をじゃんじゃん沸かして、採ってきた貝を全部ゆで、しょうゆ、みりん、酒で味付けして佃煮にした。

そしたらおやじが、「うまいねえ」って喜んで食べてくれたんだ。うれしくなって近所の親戚にもあげたら、すごく喜ばれた。

それが、生まれて初めての料理。みんなが「おいしい」って言ってくれたから、また貝をいっぱい採ってきて何度も作った。

後で〝いしはまぐり〟という貝だとわかったけど、あの楽しかった体験があるから、今の俺がある。

中学生になると、夏休みは毎朝5時ごろに起き出して海に行った。漁師たちが地引き網を引いているのに交じり、一生懸命引っ張っていたら、「ご褒美」だとバケツにポンポン魚を入れてくれた。

家では食べ切れないくらいの量だから、魚屋さんに分けてあげたら、翌日干物にして返してくれたんだよ。その魚屋さんとは仲良くなって、魚のさばき方も教えてもらった。

中2のとき、初めてカヌーを造った。うちの前に住んでいた商船大学の学生さんに数学を習っていて、船に関することもいろいろ教えてもらった。船の図面も見せてくれたから、俺は自分で設計図を描いて、のちに本物の船も造ることになった。

　自作のカヌーを漕ぎ、沖にある烏帽子《えぼし》岩（姥《うば》島）まで行くと、さざえがたくさん採れた。山ほど採っても重すぎて、俺のカヌーは沈んじゃうから、薪を積んでいって採れたてをその場で焼いて食べると、うまいのなんのって。それだけで腹一杯になるくらい食べたね。今は勝手にさざえを採ったらダメだろうけど、当時は大らかな時代だったんだ。

　海藻は体にいいとおふくろから聞いていたから、ワカメやシワメもいっぱい採った。おふくろは、美容や健康を研究する体操と食事の専門家だったから、

目玉焼きは半熟じゃなきゃ。
卵が好きだから、２個はのせるよ。

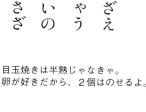

昔から俺の体のことを考えていろいろなものを食べさせようとしてくれた。若いころは面倒だと思ったこともあるけど、今思い返すとありがたいなあ。

そのおかげで、自分で料理するようになると、俺も食べものの健康効果や栄養価を考えるようになった。

ひと味もふた味も違う俺の料理

高校時代は、とにかくよく食べた。みんなドカベンといえば野球選手のことを連想するだろうけど、「元祖ドカベン」は俺なんだよ(笑)。

毎日普通の2倍以上もある弁当箱を持っていき、おやつには高校の近くの店でラーメンや天丼を食べるのが日課だったから、すぐにみんなから「ドカベン」と呼ばれるようになった。大学も、高校の仲間がそのまま進学したので、ずっと「ドカベン」のまま。

サイコロステーキピラフ、おいしいから作ってみな。生の玉ねぎがポイントなんだ(作り方は176ページ)。

学生時代は、空腹を感じたら食べるという、いわば自然にまかせた不規則な食事でも体型は変わらなかった。

東宝に入社した直後、おふくろが生活環境の変化を心配するので、毎日規則正しく食べるように心がけたら、かえって太っちゃった……なんてこともあった。

本格的に料理をするようになったのは、大きい船に乗るようになってからだな。初代の光進丸が進水したのが、１９６４（昭和39）年。自分でカヌーやボート、ヨットなど12隻の船を造った後、俺が設計した船を造船所で造ってもらうようになり、小型船舶操縦士の免許も取った。

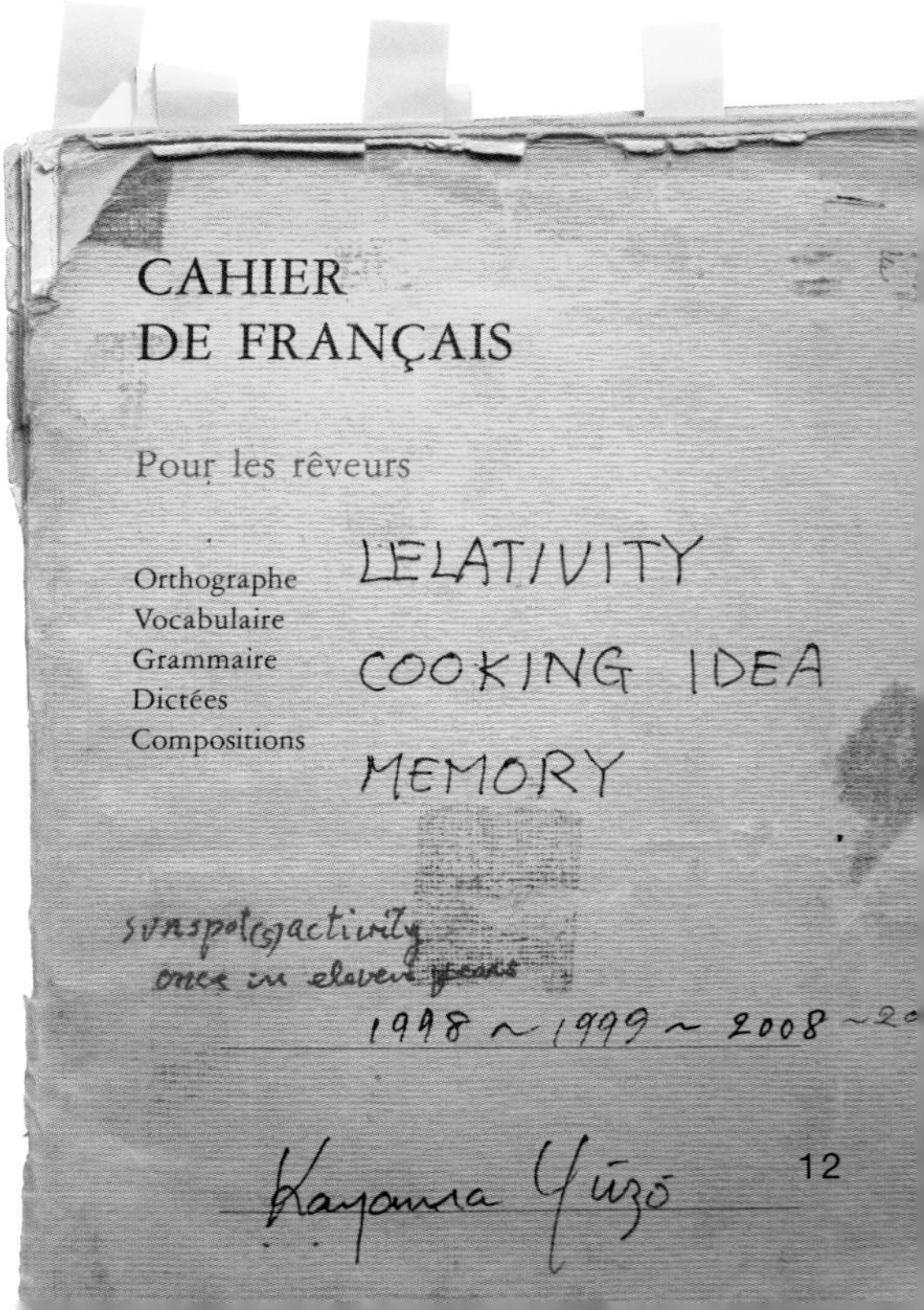

「相対性理論、料理のアイデア、思い出」のノート。思いついたときに書きためてきたんだ。

長い航海に出るときは、料理人まで雇えないから、自然と俺が料理することになった。グアムまで行ったりすると、2カ月くらいずっと海の上だからね。船の操縦の合間に、乗組員が飽きないよう、いろいろ考えて作るのがおもしろかった。一日3食、それを積み重ねているうちに料理の腕が上がっていった。

結婚して、4人の子どもの父親になってからは、家でもよく料理をした。新婚当初はあまり料理が得意でなかったかみさんも、俺が一から手取り足取り教えた成果は目覚ましく、あっという間に料理上手になり、夫婦並んでキッチンに立つことも増えていった。

子どもたちが小さいころは、仕事が忙しくて深夜に帰宅することも多かった。でも、朝は必ず5時50分に起床。どんなに疲れていても、毎朝できるだけ俺が家族全員の分を作り、みんなそろって朝ごはんを食べると決めていた。子どもたちが学校に行ってから、二度寝することはあったけどね(笑)。

ひらめいたアイデアを書きためたレシピノート。俺の思い出が詰まっている

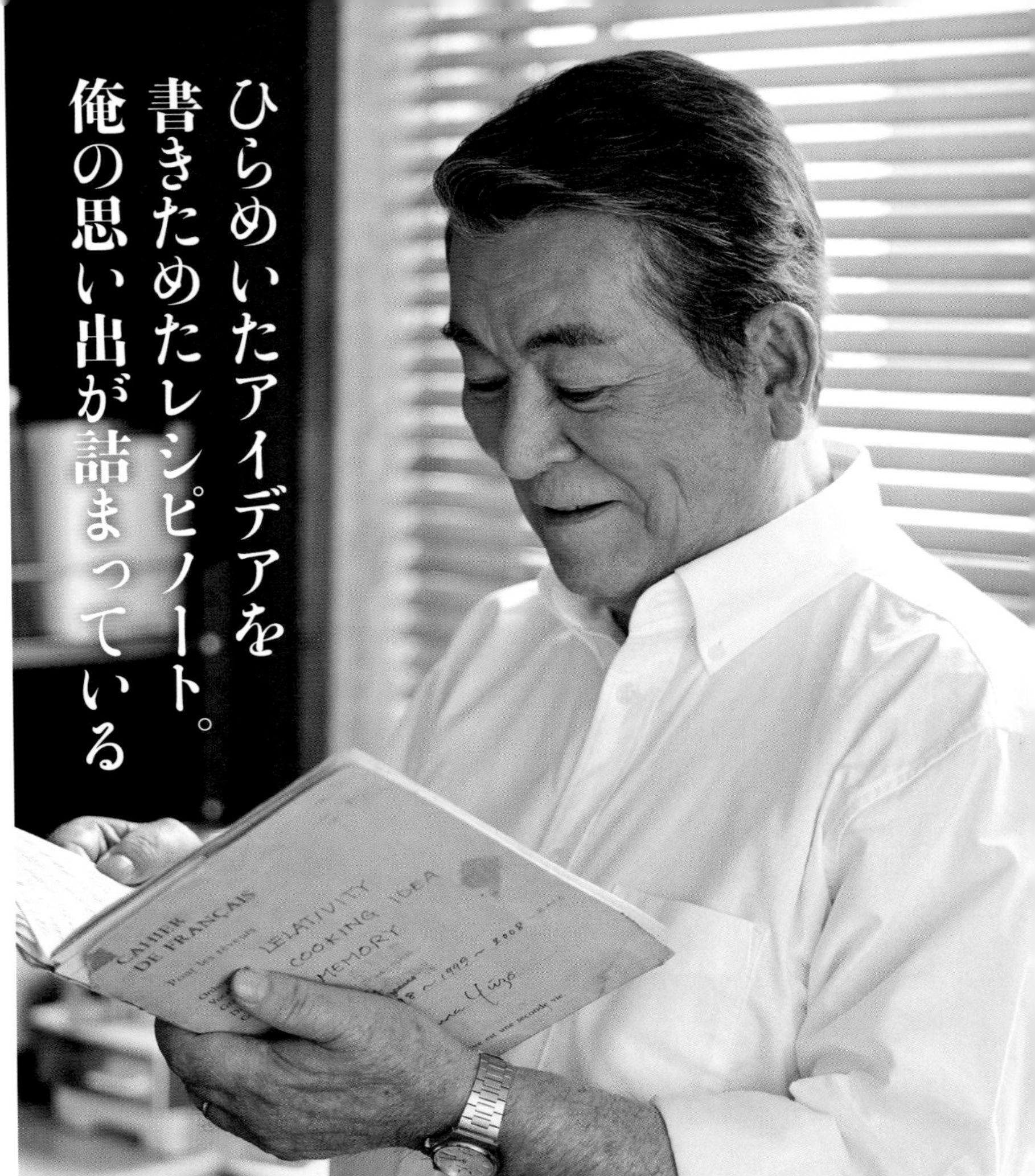

へえ、なんか真面目にいろいろ書いてたんだな、俺。改めて見てみると、面白いね。

昔から、本当によく食べたんだ。肉が大好きだな。

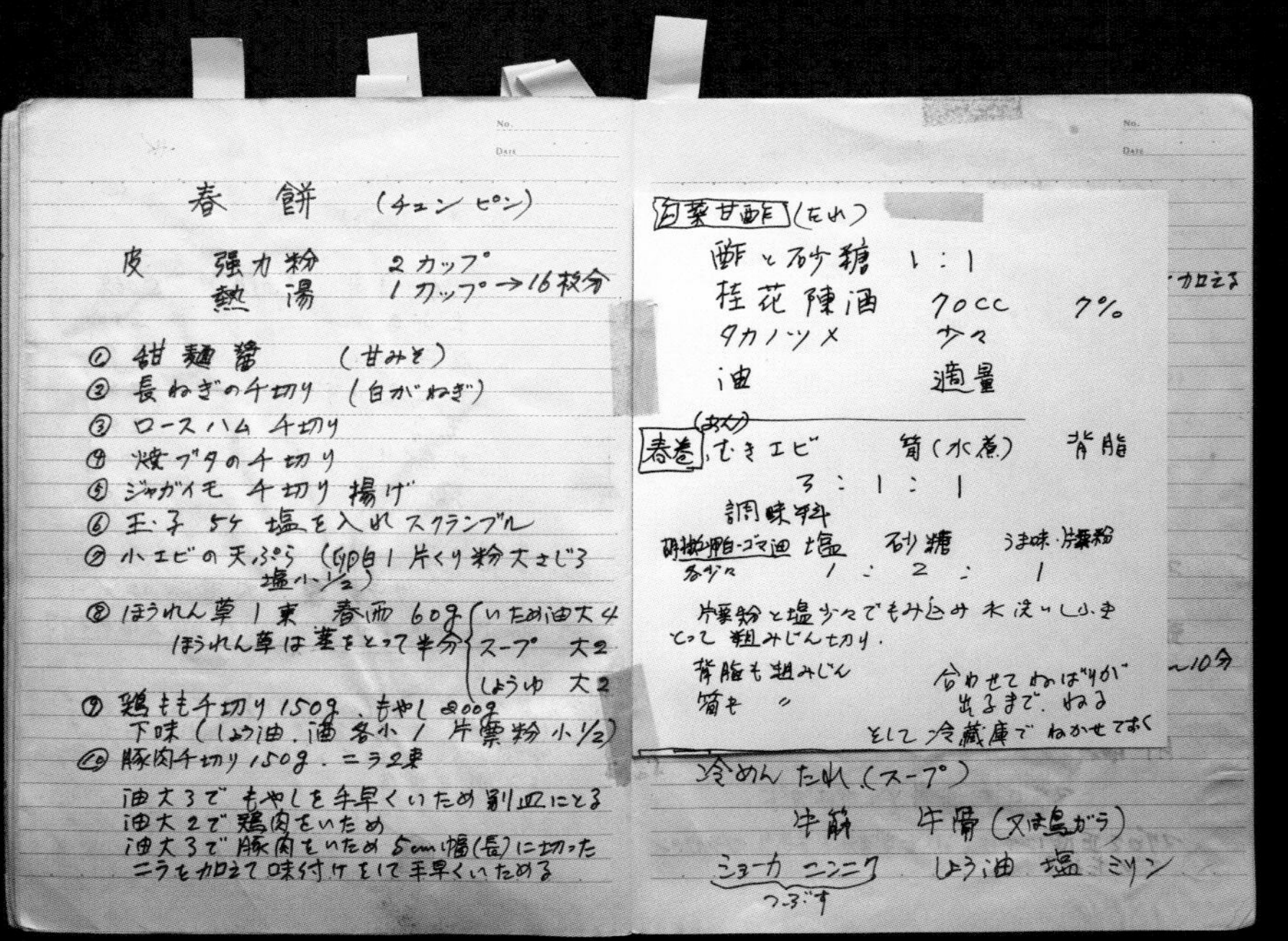

春餅（チェンピン）
皮 強力粉 2カップ
熱湯 1カップ→16枚分
① 甜麺醤（甘みそ）
② 長ねぎの千切り（白がねぎ）
③ ロースハム千切り
④ 焼ブタの千切り
⑤ ジャガイモ千切り揚げ
⑥ 玉子5ヶ 塩を入れスクランブル
⑦ 小エビの天ぷら（卵白1 片くり粉大さじ3 塩小1/2）
⑧ ほうれん草1束 春雨60g ほうれん草は茎をとって半分 いため油大4 スープ大2 しょうゆ大2
⑨ 鶏もも千切り150g、もやし200g 下味（しょう油、酒 各小1 片栗粉小1/2）
⑩ 豚肉千切り150g、ニラ2束
油大3でもやしを手早くいため別皿にとる
油大2で鶏肉をいため
油大3で豚肉をいため5cm幅(長)に切ったニラを加えて味付けをして手早くいためる
白菜甘酢（たれ）
酢と砂糖 1:1
桂花陳酒 70cc 7%
タカノツメ 少々
油 適量
春巻 むきエビ 筍（水煮） 背脂
3:1:1
調味料
胡椒少々 ゴマ油 塩 砂糖 うま味・片栗粉
1:2:1
片栗粉と塩少々でもみ込み水洗いしふきとって粗みじん切り。
背脂も粗みじん
筍も〃
合わせてねばりが出るまでねる
として冷蔵庫でねかせておく
冷めんたれ（スープ）
牛筋 牛骨（又は鳥ガラ）
ショーガ ニンニク しょう油 塩 ミリン
つぶす

中華料理のレシピのメモ。白菜の甘酢漬け（136ページ）、春巻きはよく作ったな。

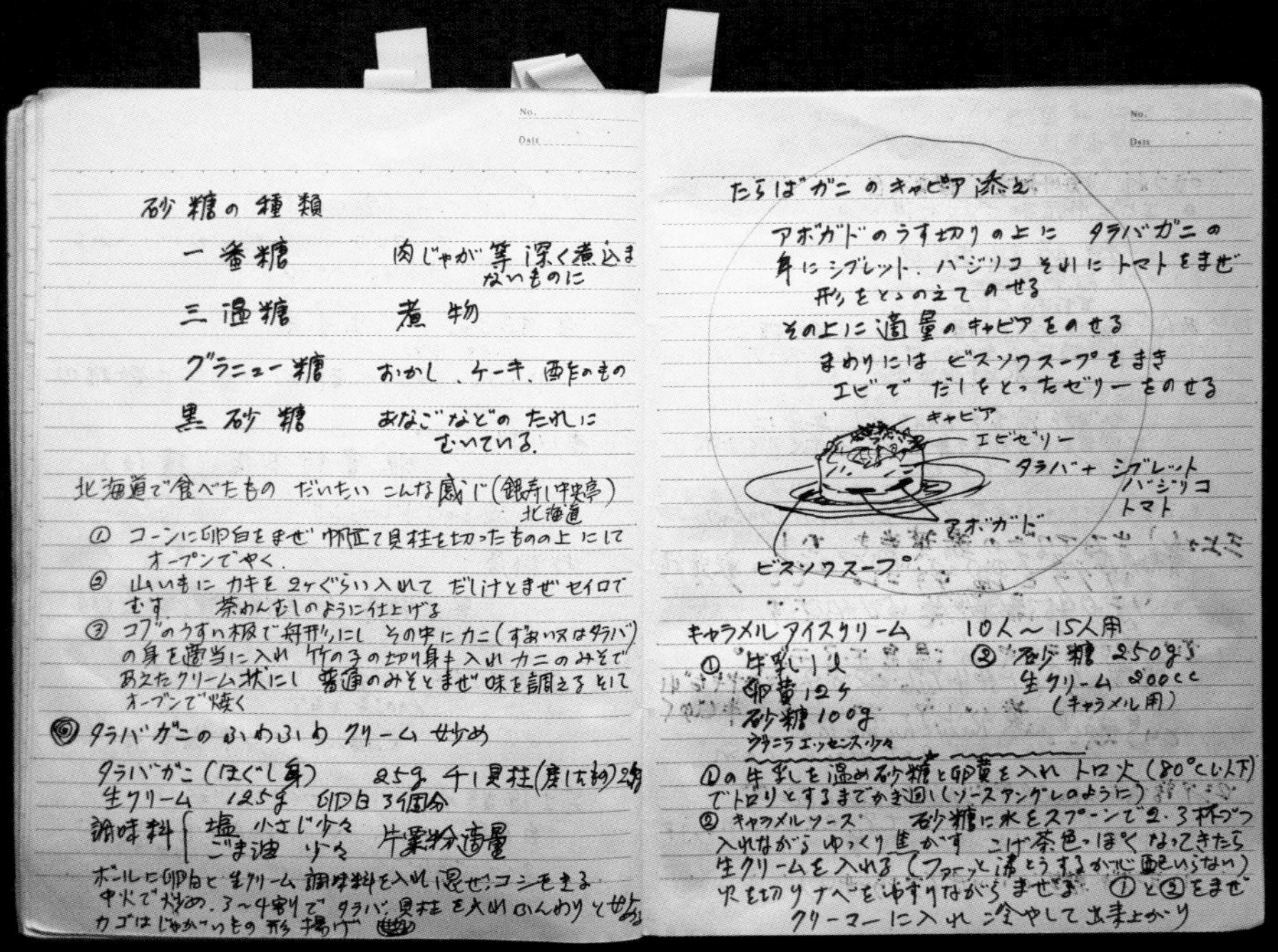

砂糖の種類
一番糖 肉じゃが等深く煮込まないものに
三温糖 煮物
グラニュー糖 おかし、ケーキ、酢のもの
黒砂糖 あなごなどのたれにむいている。
北海道で食べたもの だいたいこんな感じ（銀寿し中央亭）北海道
① コーンに卵白をまぜ帆立て貝柱を切ったものの上にてオーブンでやく。
② 山いもにカキを2ヶぐらい入れてだしけとまぜセイロでむす 茶わんむしのように仕上げる
③ コブのうすい板で舟形にし その中にカニ（すあいヌはタラバ）の身を適当に入れ 竹の子の切り身も入れカニのみそであえたクリーム状にし 普通のみそとまぜ味を調えるそしてオーブンで焼く
タラバガニのふわふわクリーム炒め
タラバガニ（ほぐし身） 25g 干し貝柱
生クリーム 125g 卵白3個分
調味料 塩 小さじ少々 ごま油 少々 片栗粉適量
たらばガニのキャビア添え
アボガドのうす切りの上にタラバガニの身にシブレット、バジリコそれにトマトをまぜ形をととのえてのせる
その上に適量のキャビアをのせる
まわりにはビスクスープをまき
エビでだしをとったゼリーをのせる
キャビア
エビゼリー
タラバ＋シブレット バジリコ トマト
アボガド
ビスクスープ
キャラメルアイスクリーム 10人〜15人用
① 牛乳1ℓ 卵黄12ヶ 砂糖100g バニラエッセンス少々
② 砂糖250g 生クリーム200cc（キャラメル用）
①の牛乳を温め砂糖と卵黄を入れトロ火（80℃以下）でトロリとするまでかき混ぜ（ソースアングレのように）
② キャラメルソース 砂糖に水をスプーンで2、3杯づつ入れながらゆっくり焦がす こげ茶色っぽくなってきたら生クリームを入れる
火を切りナベをゆすりながらまぜる ①と②をまぜクリーマーに入れ冷やして出来上がり

食べておいしかったものは、作り方をメモしておいて、レシピを考えるときに役立てていたんだ。

夕飯も「この日は家で」と決めたら、何としても早く帰るようにした。「家族全員での食事」は、俺にとって最も大切で、リラックスできる時間だったからね。誕生日やクリスマスのように特別な日だけでなく、普段の食事も楽しい思い出ばかりだよ。

本の中では、船の中や家庭で俺がよく作ってきた料理をたくさん紹介しているから、みんなにも役立ててもらえるとうれしい。簡単で、満足感があって、繰り返し食べても飽きない味ばかりだ。ほかで食べられる料理とは、ひと味もふた味も違うはず。

とにかくおいしいから、作ってみな！
自分のために、大切な人のために。
食べてくれる人の笑顔を見ると、本当に幸せなんだなあ。

作てみな
おいしいよ！
幸せだなぁ

目次

第3章 光進丸のまかない料理

本書の使い方

●分量について
レシピ中の小さじ1は「5㎖」、大さじ1は「15㎖」です。

●材料表について
主材料、副材料、調味料の順です。
つけ合わせ野菜や仕上げに振るものは
最後にまとめてあります。

●火加減について
とくに表記のない場合は中火です。使うコンロによって
加熱時間が異なりますので調整してください。

●野菜について
基本的に皮をむいて調理する野菜は、
レシピ中では皮をむく工程を省いています。

デザイン　石黒美和　鈴木健太郎
(FROG KING STUDIO)
福田万美子
撮影　木村 拓
スタイリング　阿部まゆこ
調理　株式会社TIMY
調理アシスタント　三好弥生　好美絵美
撮影協力　イワタニ　UTUWA
イラスト　西田真魚
ヘアメイク　丸山 良
校正　麦秋アートセンター
取材・文　細川潤子　川島敦子
編集　前山陽子(KADOKAWA)

協力
加山プロモーション　木村遊太　中村将太
株式会社TIMY

第1章 俺の自慢の逸品

家族や親しい友人、スタッフとの
気の置けない食事で、数え切れないほど
作った加山家おなじみの料理。
今では子どもや孫たちが俺の味を引き継ぎ、
普段の食卓によく登場させているようだ。

家族で楽しく過ごした思い出の中に必ずおいしい料理があった

「俺の自慢の逸品」は、４人の子どもたちが育ち盛りのころ、家族で食卓を囲むときによく作っていた懐かしい料理ばかりだ。最高に幸せだった時代の記憶が甦《よみがえ》ってくる。

もちろん今でも、子どもたちの家で孫と一緒に食卓を囲んで食べたりすることもあるから、これからも幸せな思い出が増えていくだろうね。

いつ、誰と、どこで、どんな状況で食べるかによって、同じ料理でも印象が変わってくるものだ。今でもよく思い出す、家族で楽しく過ごした思い出の中には、必ずおいしい料理がある。

夫婦で一緒にキッチンに立って調理することも多かった。

食事の前に全員で、手を合わせて感謝

俺はおばあちゃん子だったから、母方の祖母の影響を少なからず受けている。祖母は、松竹で大部屋女優をしながら、近所で一人暮らしをしていたけど、とても信心深い人だった。

子どものころ、毎週のように小田原の郊外にある大雄山最乗寺までお参りに行くのに付いていった。俺も仏教書を読み、座禅を組み、寺に1週間預けられたこともあった。

その影響から、自然と祈る心、感謝する心を大事にするようになったと思う。おばあちゃんちに遊びに行って、帰り際少し歩いてから振り返ると、必ずおばあちゃんが手を合わせて見送ってくれている。だから、またすぐ訪ねようと思ったんだよね。

家族で食事するときは、全員がテーブルに着いたら手を合わせ、まず俺が「神様、今日もおいしいごはんをいただけることに感謝します。ありがとうございます。いただきます」と言い、家族みんなも続いて唱和してから食べていた。

宗教の信仰心があったわけではなく、手を合わせて感謝する心が大切だと思っていたからね。毎日おいしいごはんをいただけることをありがたく思い、今日も一日元気で過ごせますようにと願う。それが加山家の習慣だ。


もうひとつ大事なのは、親が率先して「おいしい、おいしい」と何でも食べることだね。子どもの食が進まないときは、「これ、大好きなんだ。今日は特にうまい」と大げさなくらいおいしそうにパクパク食べていると、子どももつられて「僕も大好き」「私も大好き」と食べることがよくあった。その後は、「全部食べて偉いなあ」と褒めまくる。

残したときは無理に食べさせないで、きれいに食べたときにはとにかく褒める。そうしていたら、気がつくと4人の子どもたちの好き嫌いもなくなっていた。

食事時はテレビをつけないのも、わが家のルールだった。当時は自分がよくテレビに出ていたから驚かれるかもしれないけど、親子の大切な交流の時間をテレビに奪われたくなかったんだ。だから、食事の時間帯に子どもたちが見たいテレビがあればビデオに録画し、俺がいないときに見せるようにした。

朝ごはんを大事にする習慣は、子どもたちが巣立ってからもずっと続いている。朝しっかり食べないと、一日が始まらない。目が覚めると、まず「今日は何を作って食べようか」と考える。コンサートで忙しい日々が続くときは、よく朝から肉を食べた。サイコロステーキピラフ（176ページ）やバラハン（48ページ）は簡単だから、特によく作った。エッグベネディクト（82ページ）も、俺の朝食の定番。その日の気分で、今日はハムを2枚にしようとかね。

朝から天ぷらを揚げて、天丼を作ることもよくあった。俺の天丼は、えびや野菜だけでなく、ビーフの天ぷらものっかっているんだ。粉を少なめにして、あまりかき混ぜないで粗めの衣で揚げると、さくっとおいしく仕上がるんだよ。うまそうだろ？

この年まで人一倍元気にしていられるのは、朝ごはんをしっかり食べてきたからじゃないかなあ。

おやじの最後の晩餐も、俺が作った料理

1991（平成3）年に亡くなったおやじは、晩年俺の家で一緒に暮らしていた。俺が作った料理は何でも、おいしいおいしいって喜んで食べてくれたよ。

毎日決まった時間に起きてきて、朝は和食と決めていた。だから、亡

ハワイのホテルである日の朝食。朝からこのくらいの量を食べるのはよくあること。

くなった後もしばらくは、かみさんがおやじの席に和食の朝ごはんを用意していたね。

おやじには、とても感謝している。クラシック音楽が好きで、家にはバッハ、ベートーベン、ブラームス、いわゆる3Bのアルバムがたくさんあった。昔は、78回転のレコードが5枚くらいセットになって、写真のアルバムのような形で売られていたんだよ。

一方、おふくろはジャズが大好き。ディキシーランドジャズの「セントルイス・ブルース」が、俺の子守唄代わりだったらしい。

そんな両親のおかげで、いつも音楽が周りにあふれている環境で育ったから、音に敏感になり、一度聴いた曲はすぐ覚えられるようになった。作曲するときも、パッとメロディが浮かぶので、曲作りに苦労したことはないんだ。

あるときピアノを弾いていたら、おやじがそばに来て、「それは何だ」と尋ねるから、「俺が作った曲だ」と答えると、すごく感動してくれてね。

「お父さんは、ピアノコンチェルトが好きなんだ。いつかお父さんのために、ピアノコンチェルトを書いてくれよ」と言われて、「ああ、いいよ」と約束した。それから一生懸命管弦楽の勉強もして、40年以上たってようやく「父に捧げるピアノコンチェルト」が完成した。ずいぶん時間がかかってしまった。

山本直純さんの「オーケストラがやって来た」という番組で、第1楽章をオーケストラに演奏してもらえたときは、おやじに客席の前から3、4列目に座ってもらった。演奏の後、ステージに上がったおやじに手書きのスコアを渡したら、「ありがとう」ってすごく喜んでくれてね。

その後、おやじの喜寿の誕生日には、全曲をフルオーケストラで演奏してもらい、録音してCDにすることもできた。

おやじが急に亡くなったのは、それから5年ほどたってからのことだった。ちょうど前日に、親戚を40人くらい招いて、ピアノコンチェルトのCDをみんなで聴く会を開いたんだ。俺が料理をいろいろ作ってもてなし、お寿司屋さんも呼んで握ってもらって、みんなで和気あいあいと楽しい時間を過ごした。

おやじはよく食べてくれて、CDの演奏を聴きながら、「第2楽章が一番好きだなあ」と本当に幸せそうだったよ。第2楽章は、おふくろを亡くした悲しみを曲にしたんだ。

その翌朝、おやじが急逝してしまったときは、まさかと驚いたしショックだったけど、見事なピンピンコロリの人生だった。最後の夜、家族や親戚と一緒に食卓を囲み、自分のために作曲されたピアノコンチェルトを聴き、おやじにとってはいい旅立ちになったのではないかと思っている。

鶏豚鍋

子どものころからよく食べていた。
時代によって中身が変化している
特別な鍋なんだ

材料（4～6人分）

鶏もも肉（皮付き）…1枚
豚バラしゃぶしゃぶ用肉…600g
大根…300g
白菜…1/4個
しいたけ…6枚
えのきだけ…1袋（200g）
長ねぎ…1本
絹ごし豆腐…1丁（300g）
春雨…16～20g
昆布…1枚（10×5cm）
酒…100mℓ

◎たれ

A
万能ねぎの小口切り…適量
ポン酢しょうゆ…適量

B
塩、こしょう…各適量
ガーリックパウダー…適量
鶏豚鍋のスープ…適量

作り方

❶土鍋に水適量（分量外）と昆布を入れ、昆布を30分以上浸す。
❷大根は2cm厚さの半月切りに、白菜は3～4cm幅のざく切りにする。しいたけは石づきを除いて飾り切りに、えのきだけは根元を除く。長ねぎは斜めに切る。豆腐は6～8等分にする。春雨は沸騰した湯に1分ほど浸け、ザルに上げる。
❸鶏肉は小さく切る。豚肉は長ければ半分に切り、沸騰した湯で1枚ずつゆでて火を通し、ザルに上げる。

コンパクトで使い勝手のよい光進丸のキッチン。

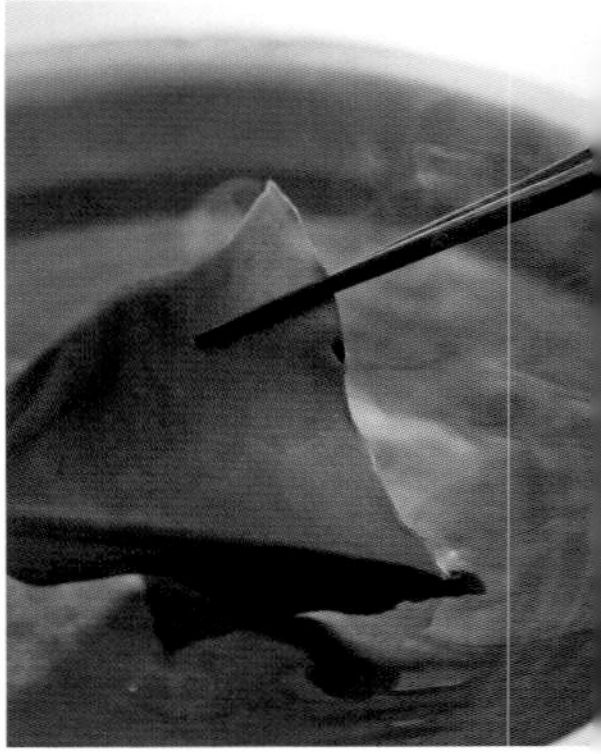

鍋に水、昆布を入れてだしをとり、昆布は取り出す。

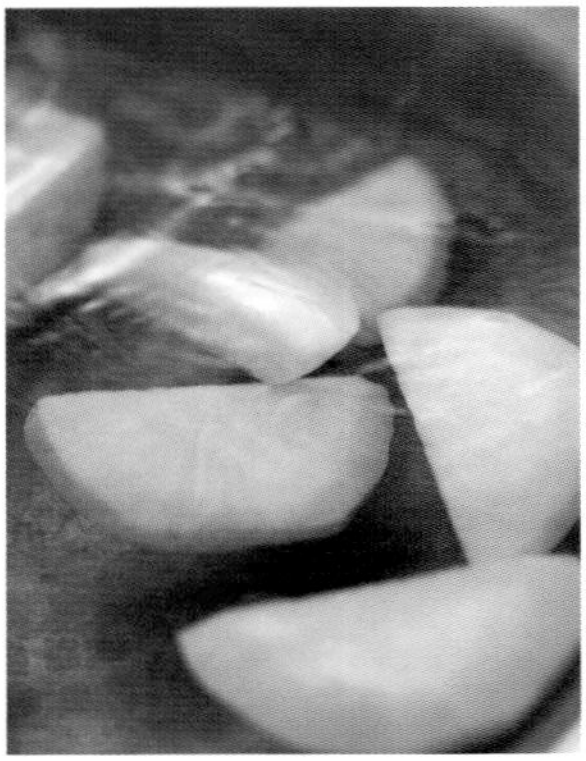

火の通りにくい大根を先に入れるのがポイント。

大根がやわらかくなったら、食べやすく切った鶏肉も加える。

❹❶の土鍋を弱火にかけて、昆布が浮いてきたら取り出して酒を加える。大根を加え、やわらかくなるまでよく煮る。

❺鶏肉を加え、火が通ったら、白菜、長ねぎ、しいたけとえのきだけ、豆腐、春雨を各適量ずつ加える。

❻豚肉を真ん中に置く。食べながら残りの具材を足していく。

❼好みの具材を取り分け、AかBのたれにつけていただく。

＊昔は、取り分けてしょうゆ漬けにしたにんにくと一緒に食べていた。

食べ方

鶏肉や野菜、豆腐は、Aのたれがおすすめだ。

鶏豚鍋《とりぶた》は子どものころから食べてきた鍋なんだ。上原家、加山家代々の味。お客さんが来ると決まってこの鍋だったね。残っただし昆布は、細切りにして酢昆布（84ページ）にして食べていたよ。

この鍋は年々進化しているんだ。子どものころに食べていた「第1鍋」の具材は豚肉と白菜だけだった。今俺たちがよく食べているのは「第2鍋」で、鶏肉と豚肉、大根、白菜、きのこ類や豆腐など具だくさん。お客さんに出すと絶対に喜ばれる。アクが出ないように豚バラ肉だけ先に別の鍋でゆでておくのがポイントなんだ。最近はキムチを入れた韓国風の辛い鍋などにも変化している。つけだれもどんどん変化して、今一番人気なのは塩とこしょう、ガーリックパウダーを鍋のスープで溶かしたもの。

鶏豚鍋のスープを最後まで味わうために考えたのが、ソパ・デ・アホ。にんにくを炒めてスープに加え、ポーチドエッグと一緒に食べるんだよ。

豚肉はBのたれが
一番人気かな。

ソパ・デ・アホ

鍋のスープはあえて残し、極上のにんにくスープにアレンジして二度楽しむのが定番

材料（2人分）

鶏豚鍋のスープ…約300㎖
オリーブオイル…小さじ1
サラダ油…小さじ1
にんにくのみじん切り…1片分
固形チキンブイヨン…½個
塩…少々
帝国ホテルのコンソメスープ缶…1缶（160㎖）
卵…2個

作り方

❶フライパンにオリーブオイルとサラダ油を熱し、にんにくを炒める。
❷鶏豚鍋のスープに加え、チキンブイヨン、塩、コンソメスープ缶を足して沸騰させる。
❸卵を割り入れ、卵白が白くなったら黄身に寄せて、黄身がかたまらないうちに器に盛る。

にんにくを炒めて風味を出し、鍋のスープに加える。

帝国ホテルのコンソメスープ缶が味に深みを出す。

卵の白身で黄身を包むようにして玉じゃくしにのせ、器に盛る。

ロールキャベツ

調味料の組み合わせを試しながら、煮汁の味を工夫したんだ

材料（14個分）

キャベツ…1個
合いびき肉…400～500g
玉ねぎのみじん切り…1個分
卵…1個
◎下味
塩、白こしょう、うま味調味料、酒…各少々

A
ローリエ…2～3枚
トマトピューレ…200g
トマトケチャップ…100g
酒…60㎖
中濃ソース…大さじ3
砂糖…大さじ1
顆粒コンソメ…大さじ1
ウスターソース、しょうゆ…各小さじ1
うま味調味料…少々

粉チーズ…大さじ1

＊楊枝はロールキャベツの個数分を。
2本使うときもあるので多めに用意するとよい。
器に盛るときにくずさないように楊枝をはずす。

作り方

❶ボウルにひき肉、玉ねぎ、卵を入れて混ぜ、下味の材料を加えて1個50g前後の俵形にしてバットに並べる。
❷キャベツの芯をくりぬき、丸ごと中までしんなりするまでゆで、ザルに上げてさます。
❸外側から葉を破かないように1枚ずつていねいにはがし、1枚の上に❶を1個ずつのせ、くるくると巻き、楊枝で留める。
❹❸を大きい鍋に敷き詰める。重なってもよい。ひたひたの水を入れて、Aを加え、中火でアクを除きながら15～20分ほど煮込む。
❺最後に粉チーズを加えてひと混ぜし、器に盛る。

このスープは、ごはんにかけてもおいしいんだよ。試してみてほしいなあ。

ホワイトカレー

子どもたちが小さいころに考えた辛くないクリーミーなカレーが、大人にも大好評

材料（2〜3人分）

鶏むね肉（皮付き）…150g
玉ねぎ…½個
しいたけ…4枚
カレー粉…大さじ1
キャンベルのクリームマッシュルーム缶…1缶
生クリーム…200mℓ
塩、こしょう…各少々
サラダ油…大さじ1
ごはん…適量

作り方

❶鶏肉は大きめに切り、玉ねぎ、しいたけは薄切りにする。
❷大きめのフライパンに油を熱し、玉ねぎを中火で炒め、鶏肉を加えて炒める。
❸全体に火が通ったらしいたけを加え、しんなりするまで炒める。
❹軽く塩、こしょうをし、カレー粉を加える。
❺クリームマッシュルーム缶を加える。火を弱火にし、焦げないように注意しながら5〜6分煮込む。
❻最後に生クリームを加える。

＊鶏むね肉は鶏もも肉に代えてもよい。
＊水分が足りないようなら水適量を加えて調整を。
＊生クリーム全量の代わりに、ヨーグルトと半量ずつにするとヘルシーになる。

味の決め手はコレ！

クリームマッシュルーム缶をカレーの味のベースにしているんだ。

若大将流オムライス

ケチャップで女性にはハート、
男性には船長の肩章を描くのが俺の流儀

ビーフオムライス

加山家代々のオムライス。
孫も自分で作っているらしいよ

若大将流オムライス

材料（2人分）

鶏もも肉（皮付き）…150g
ハム…2枚
玉ねぎ…1/4個
トマトケチャップ…大さじ1
中濃ソース…大さじ1
バター…大さじ1/2
ごはん…300g
顆粒昆布だし…小さじ1
卵…3個
サラダ油…大さじ1/2

男性客には「船長の肩章」をケチャップで描くと喜ばれるんだな。

作り方

❶鶏肉、ハムは食べやすい大きさに切る。玉ねぎはみじん切りにする。
❷フライパンにバターを溶かし、鶏肉、玉ねぎを炒める。火が通ったらハムと昆布だしを加えて炒める。
❸ケチャップとソースの半量、ごはんを加えて混ぜながら炒め、最後に残りのケチャップとソースを加えて混ぜ合わせる。
❹別のフライパンに油を熱し、割りほぐした卵の半量を流して半熟状に焼き、❸の半量をのせて包み込む。これをもう一度行う。
❺器に盛り、ケチャップ適量（分量外）をかける。

ビーフオムライス

材料（2人分）

牛薄切り肉…120g
玉ねぎ…1/2個
マッシュルーム…4個
◎たれ
湯…大さじ1
顆粒昆布だし…大さじ2/3
固形チキンブイヨン…1/2個
酒…大さじ1
しょうゆ…大さじ2〜3
オイスターソース…大さじ1
ごはん…300g
卵…3個
牛乳…大さじ2
サラダ油…大さじ1
塩、黒こしょう…各少々

作り方

❶牛肉は食べやすく切る。玉ねぎ、マッシュルームは薄切りにする。たれは湯で昆布だしと砕いたチキンブイヨンを溶いて混ぜ、ほかの材料と混ぜ合わせる。
❷フライパンに油大さじ1/2を熱し、牛肉、玉ねぎ、マッシュルームの順に入れて炒める。
❸塩、黒こしょうをふり、ごはんを加えてざっと炒める。ぱらっとしてきたら、たれを少しずつ加えて炒め、器に盛る。
❹ボウルに卵を割りほぐし、牛乳を加えて混ぜる。別のフライパンに油大さじ1/2を熱し、卵液を加え、ふわふわのスクランブルエッグを作って❸にのせる。

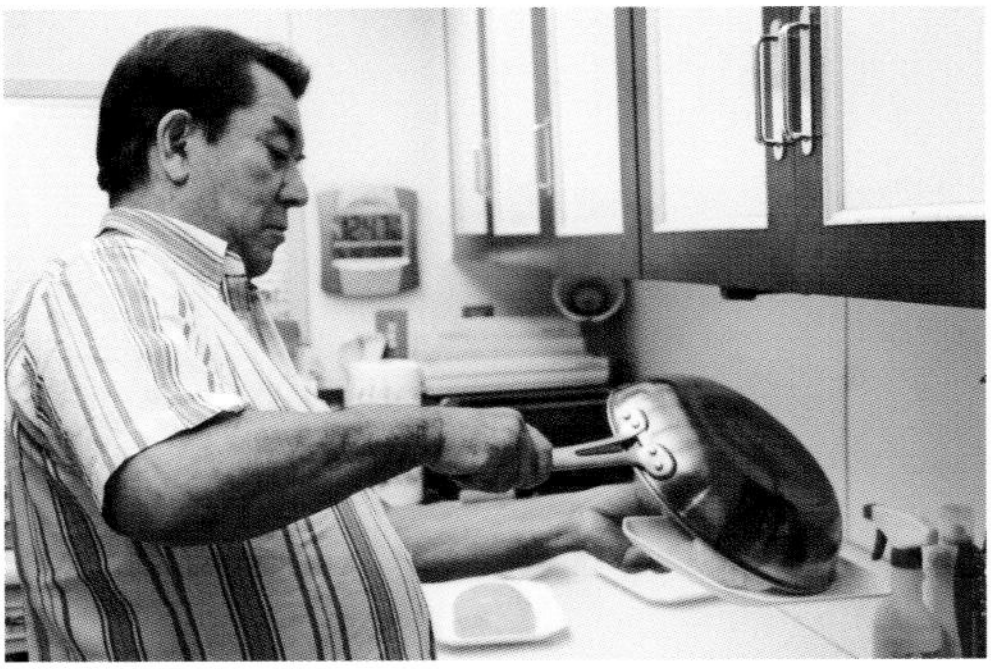

バラハン

「バラバラにしたハンバーグ」を
略してバラハン。
忙しいときにぴったり！

材料（作りやすい分量）

牛ひき肉…300g
玉ねぎ…1個
顆粒コンソメ…大さじ1/2
粉チーズ…大さじ1
しょうゆ…大さじ1/2
塩、こしょう…各適量
サラダ油…大さじ1

作り方

❶玉ねぎは粗みじん切りにする。
❷フライパンに油を熱し、ひき肉を炒め、色が変わったら玉ねぎを加えて炒める。
❸コンソメ、粉チーズ、しょうゆで調味し、塩、こしょうで味をととのえる。

今まで作ってきた料理の中でもバラハンは、みんなからすごく人気があったね。ハンバーグを丸めるのが面倒くさい、それならこのまま炒めればいいやって。で、できたのがバラバラにしたハンバーグ、名付けてバラハン。加山家の代表的な味だね。

たくさん作るとき、忙しいときにぴったりで、ごはんにのせてもいいし、ゆで卵を刻んで入れてトーストにのせて食べたりしてアレンジできるのがいいんだな。翌日になると味がしみて一層おいしくなるから、一度に多めに作っておくと便利だよ。簡単にできるから、作ってみな。

光進丸でもよく作っていたなあ。具はひき肉と玉ねぎだけなんだけど、粉チーズを少し入れることでコクが出るんだよ。

バラハンごはん

できたてのアツアツを
ほかほかごはんにのせて

材料（2人分）

バラハン…適量
ごはん…茶碗2杯分

作り方

器にごはんを盛り、バラハンを好きなだけのせる。

バラハントースト

刻んだゆで卵を混ぜて
パンにのせて朝食に

材料（食パン2枚分）

バラハン…適量
ゆで卵…1個
マヨネーズ…大さじ1
塩…少々
食パン（6枚切り）…2枚

作り方

❶ゆで卵は細かく刻む。
❷ボウルにバラハンを入れ、❶とマヨネーズと塩を加えて、混ぜ合わせる。
❸パンを焼き、❷を半量ずつのせる。

ポークチョップ

相性のいい豚肉とパイナップル。これが懐かしい味なんだなあ

材料（2人分）

豚ロース厚切り肉…2枚（400g）
塩、こしょう…各少々
酒…大さじ1
◎ソース
トマトケチャップ…大さじ5
白ワイン…大さじ4
砂糖…大さじ1
顆粒コンソメ…小さじ2
パイナップルスライス缶…適量
サラダ油…大さじ1
クレソン…適量

作り方

❶豚肉は筋を切って塩、こしょうをふる。
❷フライパンに油を熱し、❶を焼く。焼き色が付いたら裏返して反対側も焼く。中まで火が通りにくいので、酒を加え、ふたをして弱火でゆっくりと焼き、器に取り出す。
❸❷のフライパンにソースの材料を入れ、弱火で混ぜ合わせながら煮詰める。パイナップル缶の缶汁を加えてもよい。
❹❷にパイナップルをのせ、❸のソースをかけ、クレソンを添える。

ビシソワーズ

家族みんなが大好きなスープ。
ていねいになめらかに作るのがポイント

材料（3～4人分）

じゃがいも…3個
玉ねぎ…1/2個
固形チキンブイヨン…1/2個
生クリーム…100㎖
塩、こしょう…各少々
万能ねぎの小口切り…少々

作り方

❶じゃがいもは皮をむいて適当な大きさに切り、水にさらしてアクを除く。玉ねぎは半分に切り、さらに6等分に切る。
❷鍋に❶を入れ、ひたひたの水を加え、火にかける。沸騰したらチキンブイヨンを加え、じゃがいもがやわらかくなるまで煮る。
❸ミキサーに❷をスープごと2～3回に分けて入れ、なめらかになるまで撹拌する。
❹生クリーム、塩、こしょうを加え、味をととのえて冷蔵庫で冷やす。
❺器に注ぎ、生クリーム少々（分量外）をたらし、万能ねぎを散らす。

＊チキンブイヨンで味がしっかりついてるので、塩は少量で十分。
＊煮るときは、様子を見て、水を加えながら水分調整する。

北海はらこ飯

せいろは合羽橋の道具街で特注。重ねて蒸せば、みんなで一斉に食べられる

材料（3せいろ分）

塩鮭…2～3切れ
わらびの水煮…3本
いくら（薄塩）…1パック（80g）
とびっこ…1パック（40g）
酒…適量
うずらの卵…9個
三つ葉…2本
◎だしごはん
米…2合
だし汁…360mℓ

作り方

❶米をとぎ、だし汁で炊いてだしごはんにする。
❷鮭は焦がさないように焼いて皮、骨と血合いを除き、すべてほぐす。
❸オーブントースターにアルミホイルを敷き、鮭の皮を2分ほどカリカリに焼いて小さく切る。
❹わらびは4cm長さに切る。
❺いくらはボウルに入れ、ひたひたの酒に浸ける。
❻せいろは水でよく湿らせる。❶のだしごはんをせいろに敷き詰め、❷、❸、❹をのせる。湯を沸かした鍋の上にせいろを重ね、湯気が通るように、ふたを斜めにずらしてのせ、強火で15分ほど蒸す。
❼蒸し上がったせいろに、❺のいくら、とびっこをまんべんなく散らし、うずらの卵を3個ずつ割り入れてのせ、最後に1cm長さに刻んだ三つ葉を散らす。

まずだしごはんをせいろに敷き詰める。

鍋に湯を沸かし、蒸気の上がる穴のあいた特注の板を置き、その上にせいろを重ねて蒸す。

特注のせいろを重ねて人気ナンバー1のはらこ飯が完成

北海はらこ飯は、昔六本木のお店で食べたせいろごはんをアレンジして、具をどんどん増やしていっておいしくなったんだ。とびっこといくらはあとでのせると色と食感がよくなる。家族の食事でもよく作っていたね。

はらこ飯のせいろは合羽橋の「オクダ商店」で買った。普通は丸いせいろだけど、注文して特別に四角いのを作ってもらったんだ。次にまた買いに行ったら「この前女の人がこのせいろを40個買いに来たよ」って。よくよく聞いてみたら、それはうちの娘だった(笑)。

せいろを8段くらいまで積み上げて、ふたは少し斜めにずらし湯気が通るようにして蒸す。湯を入れた鍋に穴のあいた板をまず置いて、その上にせいろを重ねるんだけど、その板も特注で作ってくれた。せいろは途中で上下を入れ替えると均等においしく蒸し上がるよ。

鮭寿司

家族でお呼ばれしたとき、よくこの寿司を作って飯台ごと持っていった。錦糸卵をなるべく薄く切って、たっぷりのせるのがコツ

材料（4人分）

塩鮭…3切れ
きゅうり…1 1/2本
しょうが…大1かけ
みょうが…1個
青じそ…5枚
白いりごま…適量
木の芽…5～6枚
◎酢飯
- 米…2 1/2合
- 寿司酢…100㎖

◎錦糸卵
- 卵…5個
- 砂糖…大さじ2 1/2
- 塩…ひとつまみ
- サラダ油…少々

作り方

❶酢飯を作る。米はとぎ、2合分の水（360㎖・分量外）で炊く。炊き上がったら10分蒸らし、濡らした飯台にあける。寿司酢をまんべんなくかけて、うちわであおぎながら、しゃもじでごはんを切るように混ぜる。

❷鮭は焦がさないように焼き、皮、骨と血合いを除いてほぐす。きゅうりは小口切りにして塩もみして水気をしっかり絞る。しょうが、みょうが、青じそはせん切りにする。

❸錦糸卵を作る。卵を溶き、砂糖、塩を加えて混ぜる。フライパンに油を薄くひいて強火で熱し、卵液を玉じゃくし1杯加えて火を弱め、卵液がかたまったら取り出して余熱で裏面に火を通す。粗熱が取れたら細く切る。

❹❶の酢飯に❷を加えてざっくり混ぜ、ごまをふって錦糸卵をのせ、最後に木の芽を散らす。

水っぽい具は水気をよく絞って混ぜるのがコツ。

牛肉のたたき

味を研究しながら毎回進化させているたれ。
たたきとたれを作っておいて船に持っていくことも

材料（作りやすい分量）

牛フィレ塊肉…500g
塩、こしょう…各少々
◎たれ
貝割れ菜のみじん切り…1パック分
クレソンのみじん切り…1束分
玉ねぎのみじん切り…1/4個分
万能ねぎのみじん切り…1本分
レモン汁…1個分
にんにくのすりおろし…1片分
しょうゆ…300mℓ
みりん…大さじ1~2
砂糖…小さじ1/2

作り方

❶牛肉は塩、こしょうをふり、表面全体にすり込んでおく。
❷たれの材料は混ぜ合わせておく。
❸グリルプレート（またはフライパン）で❶の表面全体をほどよく焼き、氷水に浸ける。水気を拭いてたれにさっとくぐらせる。
❹牛肉をラップに置き、たれを表面にまぶして包み、袋に入れて冷蔵庫で1時間ほど冷やす。
❺牛肉を食べやすく切って器に盛り、たれをかける。

肉の表面全体にこんがりと焼き色がつくように焼く。

氷水で冷やしたら、たれにくぐらせて味をなじませる。

たれの薬味をまぶし、ラップで包んで冷蔵庫で冷やす。

サーモンローフ

**鮭缶は紅鮭缶を使うほうがきれいな仕上がりに。
パンやワインによく合う1品**

材料（6人分・直径18㎝エンゼル型1台分）

紅鮭缶…1缶（220g）
セロリ、玉ねぎのみじん切り…各120g
卵…1個
エバミルク…170㎖
パン粉…250㎖
塩、こしょう…各少々
サラダ油…大さじ2
◎ディルソース
マヨネーズ…100㎖
サワークリーム…50㎖
レモン汁、牛乳…各大さじ1
ディルウィード…小さじ1
砂糖、塩、こしょう…各少々
ディル（飾り）…少々

作り方

❶フライパンに油を熱し、セロリ、玉ねぎをしんなりするまで炒める。
❷ボウルに❶、ほぐして骨と皮を除いた鮭、缶汁を入れる。卵を割り入れ、エバミルク、パン粉、塩、こしょうを加えて混ぜ合わせ、よく練る。
❸エンゼル型（またはボウル）に油適宜（分量外）を塗り、❷を詰めて180℃に予熱したオーブンで40分ほど焼く。竹串などを刺して中身がついてこなければでき上がり。
❹ボウルにディルソースの材料を入れてよく混ぜ合わせる。
❺器に盛り、ディルを飾り、ディルソースを添える。

エバミルクは缶汁の量によってやわらかくなりすぎないよう調整して加え、練り混ぜる。

スペアリブ

子どもの友だちが来たときによく作っていた懐かしの味

材料（作りやすい分量）

スペアリブ…800g〜1kg
酢…大さじ1
◎たれ
レモン汁…½〜1個分
玉ねぎのすりおろし…½個分
にんにくのすりおろし…2〜3片分
しょうゆ…100mℓ
酒…100mℓ
トマトケチャップ…100mℓ
砂糖…50g
うま味調味料、こしょう…各少々

作り方

❶厚手のフライパンに豚肉を並べ、ひたひたの水を入れ、酢を加えてふたをし、中火で20分ほどゆでる。
❷たれの材料を混ぜて❶を漬け、3時間以上おく。汁気をきり、天板に並べる。
❸180℃に予熱したオーブンで15分焼き、取り出してたれをつけ、ひっくり返して15分焼く。
❹焼きが足りないようならもう一度たれをつけ、ひっくり返してさらに10分ほど焼く。

スペアリブをゆでてから表面の水気を拭いてたれに漬け込む。

子羊のグリル

骨にかじりついて食べるのが骨付きラムの醍醐味

材料（2人分）

骨付きラム肉…4本
にんにくのすりおろし…1/2片分
塩…適量
粗びき黒こしょう…適量
サラダ油…大さじ1
レモンの輪切り…2枚
ベビーリーフ…適量

作り方

❶ラム肉の両面ににんにくをよくすり込み、塩、黒こしょうをふる。
❷フライパンに油を熱し、❶を入れて両面をこんがりと焼く。
❸器に盛り、レモンとベビーリーフを添える。

餃子

一度にたくさん作って、残ったら翌日は水餃子にするのがわが家の恒例

材料（作りやすい分量）

豚ひき肉…300g
キャベツ…3枚
にら…½束
しいたけ…3枚
餃子の皮…2袋（48枚分）
◎下味
酒…大さじ2
しょうゆ…大さじ1
ごま油…小さじ1½
塩…小さじ½
こしょう…少々
サラダ油…適量

作り方

❶キャベツは芯を除きみじん切りにする。にらとしいたけもみじん切りにする。
❷ボウルにひき肉、❶、下味の材料を加えてよく混ぜる。
❸餃子の皮はまわりに水をつけ、❷をのせて包む。
❹フライパンに油を熱し、❸を並べて少し焦げ目をつけて焼き、湯を餃子の高さの半分程度注ぎ、水気がなくなるまで焼く。
*お好みで酢じょうゆ、ラー油などをつけていただく。

餃子はキャベツか白菜のどちらかを入れて作る。食感が大事なんだ。子どもたちが小さかったとき、家族みんなで包んだりしていたね。それぞれで包み方を工夫したり、楽しみながらやっていた。
次の日に水餃子にしてもおいしい。焼いたのは酢じょうゆとラー油につけたり、水餃子ならポン酢しょうゆと万能ねぎの小口切りで食べたり。家族みんなが好きで、よく登場する人気おかずだね。

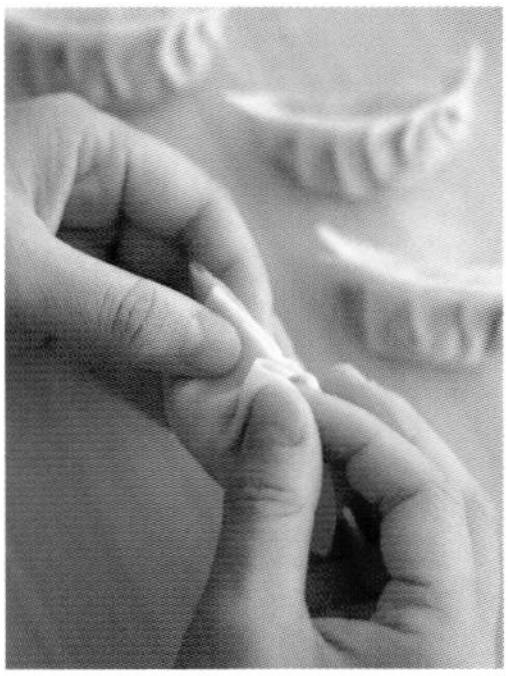
包む作業はみんなでしていた。ひだの寄せ方はそれぞれ。

納豆揚げ

手軽に作れておつまみにもぴったり。塩、こしょうでさっぱりと

材料（2～3人分）

- ひきわり納豆…1パック
- 青じそ…10枚
- A
  - しいたけのみじん切り…1個分
  - 長ねぎのみじん切り…3㎝分
  - パセリのみじん切り…少々
  - 粉チーズ…少々
- 溶き卵…適量
- 小麦粉…適量
- 塩、こしょう…各適量
- 揚げ油（できれば米油）…適量

作り方

❶ボウルに納豆、Aを入れ、粘りが出ないように混ぜ合わせる。

❷❶を10等分して青じそにはさむ。

❸溶き卵にくぐらせてから小麦粉をまぶし、170℃の揚げ油でさくっと揚げる。

❹油をきって器に盛り、塩、こしょうをふる。

納豆と具を混ぜ合わせる。

青じそを折り畳むようにして具をはさむ。

揚げえびのオーロラソース

（パッチャタイハーキン）

エバミルクとコンデンスミルク、隠し味のジンがおいしさの秘密。
揚げたてにソースをたっぷりからめて

材料（2〜3人分）

えび…大10尾
酒…120㎖
溶き卵…1個分
片栗粉…適量
揚げ油（できれば米油）…適量
◎たれ
　マヨネーズ…大さじ2
　トマトケチャップ…大さじ2
　エバミルク…大さじ½
　コンデンスミルク…大さじ½
　ジン…小さじ1

作り方

❶えびは殻、背わたを除き、酒に浸ける。たれの材料はよく混ぜ合わせておく。
❷えびの水気を拭き、溶き卵にくぐらせてから片栗粉をまぶし、170℃の揚げ油で揚げる。
❸油をきったらすぐにたれにからめ、器に盛る。

味の決め手はコレ！
この味に欠かせないエバミルク、コンデンスミルク、ジン。

周富徳さんと料理対決！俺のレシピが名店の看板メニューに

炎の料理人といわれた中華料理の周富徳さんとは、お店に行っているうちに仲良くなったね。それである日、周さんをわが家に招いて料理対決をしたんだ。俺が13品作る、周さんが12品作るという設定で。ビュッフェスタイルにして、パーティをしたわけだ。

そうしたら、俺の作った料理ばかりが、どんどんなくなるんだよ。彼が作るのは、あんまり人気がなかったんだ。それを見た彼はふてくされて紹興酒を飲みすぎて、悪酔いしちゃってトイレから出てこない

（笑）。もともと周さんはよく相談に来ていたんだ。「僕が有名になるにはどうしたらいい？」って。だから「おいしいものを作ればいいんだよ」ってアドバイスしていた。

そんなつながりから「ほら、こんなのはどうだ」と教えたのが「揚げえびのオーロラソース」。このメニューは、俺が発明して周さんに教えたんだよ。昔よく行っていた中国飯店の「パッチャタイハーキン」という揚げえびの料理をヒントに考えた。女性たちにも人気だったから、絶対に受けると思って。

それがその後、周さんのエビマヨとして店の看板メニューになった。オーロラソースはエバミルク、コンデンスミルクを使うけど、何といってもジンを入れるのがコツ。ほんの少し入れるだけで、味も香りも変わるから、ぜひ試してみてほしいな。

レストランに食べに行っておいしいときに褒めると、だいたいシェフが挨拶に来てくれて、それで仲良くなることが多いよ。ちょっとしたコツも教えてもらって自分で再現したり、そこからさらにアレンジしたり。そうやって工夫しながら自分の味を作ってきたんだ。

えびと帆立のクルトン巻き揚げ

家でも光進丸でもよく作っていた人気の揚げ物。
レモンと塩でさっぱりと食べる。クルトンが小さいほどおいしいよ。

材料（2人分）

サンドイッチ用食パン（12枚切り）…4枚
えび…3尾
帆立貝柱…3個
（または大1個・えびと同量がよい）
塩、こしょう…各少々
酒…少々
片栗粉…小さじ½
揚げ油（できれば米油）…適量
パセリ…適量
レモン（くし形切り）…適量
塩…適量

作り方

❶えびは殻、背わたを除き、帆立とともに5㎜程度に小さく切る。パンは5㎜角に切る。
❷ボウルにえび、帆立を混ぜ合わせ、塩、こしょう、酒をふって片栗粉を加え、よく練り合わせる。
❸❷を4等分にして小さい団子状に丸め、角切りにしたパンをまぶしつける。
❹170℃の揚げ油で❸を転がしながら、こんがりと色付くまで揚げる。
❺器に盛り、パセリ、レモン、塩を添える。

パンをつけたら、はがれないよう軽く押さえる。パンは多めに用意したほうがつけやすい。

まぐろ赤身のサイコロ切りマリネ風

薄切りより、食べごたえある切り方でまぐろを楽しむ

材料（**2人分**）

まぐろ赤身刺身用（さく）…50g
貝割れ菜…1/4パック
きゅうり…1本
玉ねぎ…1/2個
土佐酢…小さじ1/2
にんにくのすりおろし…少々
レモン汁…大さじ1
白いりごま…少々
うずらの卵黄…2個

◎たれ
だし汁…大さじ3（顆粒和風だし＋顆粒昆布だし各小さじ1/2を湯大さじ3で溶く）
しょうゆ…大さじ2
ごま油…小さじ1
砂糖…小さじ1/2
塩…少々

作り方

❶まぐろは8㎜角のサイコロ切りにする。貝割れは根元を除いて半分の長さに、きゅうりは5㎝長さの細切りにする。玉ねぎは薄切りにして水にさらして水気を絞る。たれの材料は混ぜ合わせる。
❷ボウルに貝割れ、きゅうり、玉ねぎを入れて、たれの2/3量であえる。
❸残りのたれに土佐酢とにんにく、レモン汁、まぐろを加えて混ぜる。
❹器に❷の野菜をのせ、まわりに❸のまぐろを並べ、ごまをふって野菜の真ん中にうずらの卵黄をのせる。

エッグベネディクト

昔パリのホテルで食べた朝食メニューを自分流にアレンジ。ハム2枚と昆布だしがこだわり

材料（1～2人分）

イングリッシュマフィン…1個
ハム…4枚
卵…2個
酢…少々
◎オランデーズソース
マヨネーズ…大さじ2
コンデンスミルク…小さじ1
生クリーム…小さじ1
顆粒昆布だし…ひとつまみ
ベビーリーフ…適量

＊ソースにパセリのみじん切りを加えてもよい。

作り方

❶マフィンは半分に割り、オーブントースターで2～3分焼く。
❷ポーチドエッグを作る。鍋に湯を沸かす。沸騰したら酢を入れて卵を割り入れる。卵白が白くなったら黄身に寄せて包み、玉じゃくしですくって器に取り出す。これをもう一度行う。
❸オランデーズソースを作る。昆布だしは少量の湯で溶き、ほかの材料と混ぜ合わせる。
❹器にマフィンをのせ、ハムを2枚ずつ重ね、ポーチドエッグをのせる。❸をかけ、ベビーリーフを添える。

エッグベネディクトが今のように一般的ではない時代から作って食べていた。もともとニューヨークやパリのホテルで食べたものを、自分流にアレンジしたんだ。半熟卵が大好きで毎日食べたいくらい。ポーチドエッグはお湯に酢を入れるとうまくまとまるよ。

オランデーズソースは俺のオリジナル。コンデンスミルクと顆粒の昆布だしを隠し味にしている。マフィンの上にハムを2枚重ねるのが自分なりのルール。そこにポーチドエッグをのせ、ソースをかける。半熟の黄身とソースをからめながら食べると抜群においしいんだ。

昔は休みのときにニューヨークによく行っていたから、レストランでエッグベネディクトとか、パンケーキなんかを家族でよく食べたのもいい思い出だね。

加山家の食卓の思い出❶

若大将の健康の秘訣は酢昆布としらす煮

子どものころの食卓には、いつも「酢昆布」と「しらす煮」が並んでいたよ。毎日のように食べていたけど、それが今の健康の源だと思うんだ。おふくろがよく作っていたのは、だし昆布を刻んで酢に漬けた酢昆布。鶏豚鍋なんかで使った、だしをとって厚ぼったくなった昆布を、最後まで食べ切る知恵でもあるね。

しらす煮は湘南の海でどっさりとれるしらすをしょうゆで煮たもの。子どものころから自分で作ったりもしていたんだ。じゃこで作ってもいいよ。このふたつは今でもずっと食卓に欠かさない。

両方をごはんの上にのせて、お茶漬けにして食べることが多いかな。忘れられないおふくろの味だね。手軽にカルシウムや鉄分などのミネラルがとれて、体にいいと思うよ。

ごはん茶碗は俺が絵付けしたんだよ。写真はじゃこ煮。

毎年恒例の梅仕事。家族総出で梅を拾い梅酒や梅干しを仕込んだものだ

成城にあったわが家の庭には、実に立派な梅の木が1本あった。春になると必ず、どこからか鶯がやって来て、「ホーホケキョ」と鳴いていた。本当に絵になる風景だったなあ。

その梅の木に、毎年立派な梅の実がたくさんなっていた。木からもぐのではなく、地面に落ちた実を子どもたちがすぐに拾い集め、俺が梅酒を作り、かみさんが梅干しを作るのが恒例だったんだ。孫たちも梅の実を拾うのに参加したこともあったなあ。

梅酒は炭酸水で割ったり、ロックで飲んだり、梅酒ゼリーを作ったりしたものだ。梅酒ゼリーは、仕上げにクコの実を中央に1個飾るのがこだわりだ。

梅酒ゼリー

家族みんなで作って、何年も寝かせた自家製の梅酒をゼリーに

材料（3～4個分）

梅酒…150㎖
水…300㎖
砂糖…小さじ2
粉ゼラチン（水でふやかさないタイプ）…8g
くこの実…適量

何年も寝かせて熟成した梅酒は色が濃くなり、ふたを開けたら辺り一面に芳醇な香りが広がるんだ。

毎年作るものだから、飲みきれずに、梅酒の瓶が何十個も棚にずらりと並んでいたものだ。

成城の家を引っ越すときに次男がほとんど持って行ったが、今でも手元にひと瓶だけ残してある。これは、仕込んでから30年は経っているんじゃないかな。

わが家は家族全員が、食べることも料理を作ることも大好きだ。夫婦でキッチンに立つことも多かったから、子どもたちも小さいころから食事の仕度をよく手伝ってくれた。そのせいか、みんな料理が上手だね。家族で集まったときは、みんなで料理を作り合って、食べたりもしていたよ。

休日の朝は食卓にホットプレートを置いておき、パンケーキの材料を並べて置くと、起きてきた順に各自でタネを流して焼いて食べたり、好みの具を合わせたりしていたな。

そんな環境だったからか、孫たちも釣りに行って自分で魚をさばいたり、俺のオムライスを作って食べたりしているようだ。

作り方

❶鍋に梅酒、水、砂糖を入れて10分ほど煮詰め、火を止めてゼラチンを加えて混ぜ、余熱で溶かす。
❷器に注ぎ、粗熱がとれたら冷蔵庫で冷やしかため、くこの実をのせる。

加山家の庭の梅で漬けた
30年ものの梅酒は宝もの。

第2章
若大将のもてなし

わが家を訪ねてくれた人たちを精いっぱいの手料理で
もてなすことは、俺にとって最高の幸せで、挑戦でもあった。
もっとおいしいものを作りたい、喜んでもらいたいと思うから、
新しい料理のアイデアがどんどんあふれてきたんだ。

加山さんの手料理の思い出

南こうせつさん

2017年9月8日、初めての光進丸にて。氣志團、BOSE（スチャダラパー）と一緒に光進丸に招かれました。

約束の当日、逗子マリーナ発の光進丸はすでに出航していたのですが、ご子息二人がジェットスキーで迎えに来てくれました。僕はオートバイの後ろに乗っているようなスタイルで波の上を突き抜け、光進丸へと無事到着!!

加山ファミリーの「海 その愛」そのままで感激!! 羨ましい限りでした。

思い出に残っている料理は、帆立と平目のカルパッチョ。まさに海の恵みそのままの味わいで、今もずっと心にしみついています。

フィレステーキフォアグラのせ。若大将の歌のように、おおらかで優しい味で……。

やっぱりあれは夢だったのかなぁ。

青春時代から、ずっと憧れの若大将の手料理は、イメージより繊細で、素材を大切にした味付けで……。ただただ僕にはもったいないです。

食事の後は、加瀬邦彦さんが亡くなった後だったので、加山さんと二人で「想い出の渚」を大声で歌いました。そして海に向かって、加瀬邦彦さんの名前を叫びました。

竹中直人さん

初めて加山さんの手料理を目の前にしたのは……、あの光進丸です！

「貴様ぁ〜！　虫ケラの分際で、あの光進丸に乗ったと申すか⁉」

乗った乗った！　乗ったぞー！

「なんと恐れ多い真似を‼　てめえは人間じゃねーや！　叩っ斬ってやる！」

いやいや！　ちょっと待ってくれ！　聞いてくれ‼

ぼくは加山さんに「竹中くん、ぜひ光進丸に遊びに来てくれよ」と何度かお誘いを受けていたんだ。でもそれは、ぼくにとって、あまりにも恐れ多く、「いや、そんな！　ぼくなんかが……そんな……」と、何度も身を引き続けていたんだ。

だってそうだろ？

加山さんは、ぼくが子どものころに憧れた映画スターさ！　そしてぼくに、音楽の素晴らしさを最初に教えてくれたミュージシャンだ。ロック、ジャズ、ボサノバ、クラシック、ハワイアン、カントリー、たくさんの音楽を教えてくれた人さ！

普通なら手の届かない人だ。ずっとずっと憧れだった、その【加山雄三】に、どんなに誘われたって、「はい！　ぜひ伺わせていただきます！」なんて、言えるはずがない！

だのに！　なのに！

ぼくはとうとう、光進丸に乗船してしまったのだ！

忘れもしない２０１７年９月14日木曜日、快晴。

逗子マリーナ午後12時集合。真っ青に晴れ渡る９月の空の下、ぼくは逗子マリーナの船着場に向かった。９月の太陽はまだ夏の光を放っている。

歩を進めて行くと、ぼくの眼前に何と、あの光進丸が現れた。

でかい……。ものすごくでかい！

61才にして本物の光進丸を初めて目の当たりにしたぼくは、一気に映画の世界に入ってしまった。まさに夢心地。

するとそこに、加山雄三が現れたのだ！！！

「いやぁ、竹中くん、ようこそ光進丸へ！」

うわぁ〜船長！　加山雄三だ！

ぼくの意識は一気に遠のいていった。

どれだけの時が流れたのか、ふと気づくとぼくの目の前に、加山さんの手料理が広がっていた。

そしてそれは、あまりにも美しかった。

特製ソースのかかった真っ赤なえび。そしてあわび。魚介のスープ。お肉のソテー。冷製の茶碗蒸し……。色とりどりの美しい料理たち。

加山さんの手料理は、すべて芸術品だった。

あぁ〜目が眩む！

なんとぼくは、手をつけることさえできなかったのだ！

わかるだろうかこの気持ち。わからないだろうな……。

「わからねーよ！　だって憧れの人が作ってくれた手料理だぞ！　喜んで食べるのが当たり前じゃないか！」

わかってるよ！　絶対そう言うと思った……。胸がいっぱいだったんだ。

その日、ぼくと共に光進丸に乗船したのは、なんと斉藤和義、そして奥田民生だった。加山さんが指定してくださった9月14日に、ぼくたち3人のタイミングが合ったのさ。

和義も民生くんも以前から交友があったので、ふたりが行くなら、それならぼくも行くっ！　となったのさ。

逗子マリーナに停泊している光進丸を3人で見上げたんだ。

「でっかいなぁ……」って言いながら、光進丸の大きさを、歩数で確かめ合ったのさ。

そして、光進丸の中で歌ったこと。


和義も民生くんも、いっぱいいっぱい歌い続けた。

「海 その愛」を楽しげに歌う和義のマイクを奪ってまで、ぼくは歌った。民生くんも加山さんのギターをかき鳴らし歌い続けた。和義はその横で加山さんのモズライトをかき鳴らす、加山さんはピアノを弾く。まさに夢のようなセッションだった。

そしてぼくは、加山さんの大好きなアルバム『太陽の恋』の中から、「島の朝」も歌った。それも加山さんのピアノ伴奏で。

「いやぁ〜竹中くん、よく知ってるなぁ〜」

「ぼくこの歌大好きなんです！　口笛も吹けます！」

【加山雄三】という憧れの大スターに「竹中くん」と呼ばれていること、それがもうびっくりさ。

「あれ？　お前この前、加山さんの代わりに加山さんが船長を努める飛鳥Ⅱで歌ってきたらしいじゃないか？」

あー！　歌ったぞ！


「いやぁ〜竹中くん、俺もう歌わない宣言しちゃったからさ、俺の代わりに歌ってくれないかな？」って加山さんに頼まれたんだ。

「すげ〜なお前！」

すげ〜だろ⁉

「何を歌ったんだよ？」

「美しいヴィーナス」「君のために」「ブライト・ホーン」「白い浜」「旅人よ」「恋は紅いバラ」「ある日渚に」「君といつまでも」「海 その愛」だ！

「お前、すげーな！」

すげーだろ⁉

【加山雄三】

その名はぼくにとっては夏なんだ！

夏空であり、初夏であり、夏至であり、晩夏であり、夏の太陽なんだ。

『南太平洋の若大将』このタイトルがたまらなく好きさ。

『リオの若大将』もな……。

加山雄三は永遠さ……

「おい、今度はちゃんと、加山さんの手料理をいただけよ！」

うん！

斉藤和義さん

2017年の9月に光進丸に乗せていただきました。その前の年に加山さんのイベント「55若大将フェス」に呼んでいただいたのですが、その時にお誘いいただいたんだと思います。竹中直人さんや奥田民生さんと一緒に乗せていただきました。

洋風茶碗蒸しがおいしかったです。食べた時「なんだこれ⁉」と思うくらい。加山さんが以前どこかのお店で食べたものをレシピを誰かに聞くわけでもなく、ご自分で再現されたとおっしゃていて、「すごい！」と思いましたお店を出したら絶対に流行るであろうクオリティですし、船内の小さなキッチンで作られているのに、とても段取りよく料理をお出ししていて本当にすごいと思いました。あの味のお店があったら通いますね。

そのとき、加山さんがアマチュア時代にワイヤーレコーダーで録っていた音源があるので聴いてみましょうと加山さんのスタッフと話をしていて、しばらく待っていたんですがなかなかかからなくて……。待っているときに船上でかかっていたBGMがカッコよかったので誰の曲か聞いたところ、それが加山さんが録っていた音源でした（笑）。演奏も歌もアマチュアとは思えないくらい上手いし、音もめちゃくちゃ良くてビックリしましたね。それを録ったのが家の体育館と聞いてビックリしましたね。これはもうスケールが違うなと（笑）。

奥田民生さん

てんぷらがおいしかったのを覚えています。

てんぷら油にこだわって、知り合いのお店から取り寄せたもので、これじゃないとダメなんだよとおっしゃってました。カラッとしておいしかった。

招かれたのは光進丸でしたが、詳しくはもう覚えていません。船はとにかく大きくて、マンションのようでした。レストランで食べてるみたいでした。

山瀬まみさん

2015年に料理番組でご一緒させていただいていたため、かなりの数のお料理をいただきました。「これだけでこんなにおいしいの?」という、食材、手間が少ないものからそうでないものまで、本当に幅広くなんでも作れる方です。

加山さんのお母様考案の「トマトライス」、そしてそれを加山さんが進化させた「トマトオムリゾット」、船員さんたちに人気だったという「カレー南蛮うどん」、こねることも丸めることもしないバラバラのハンバーグ「バラハン」。どれも手軽にできて、とってもおいしいので、今ではすっかりちゃっかりわが家の味となっています。

たくさん教えていただき食してきた私ですが、一番の最高の思い出は光進丸にお呼ばれしたとき。船のダイニングでのフルコース。私の主人も呼んでいただき、加山さんのお知り合いの方々と共に。2015年10月16日でした。その際、各席にあったお品書きを持っています。

フルコースの一皿一皿、料理の出るタイミングも、温度も、本当に見事で、そしてその間も加山さんはお酒を飲めないのに「このワインで大丈夫?」「次は赤にしましょうか?」と常に気にしていただいて、どれもこれも最高においしいし、最高に楽しいし、食後はリビングでピアノを弾きながら唄ってくださったりと、感涙もんの夢のような時間でした。加山さんの料理はもちろん、おもてなしの心の凄さに改めて惚れました。

あ！ 食事中、加山さんに「おいしい！」とお伝えすると、加山さんは「ありがとうございます！」「うれしいな～」と本当にうれしそうなお顔をなさいます。そのお顔で私はさらに幸せだなぁ……て思って。幸せの連鎖っていうのかな……。はい、やっぱり加山さんはスゴい方です。

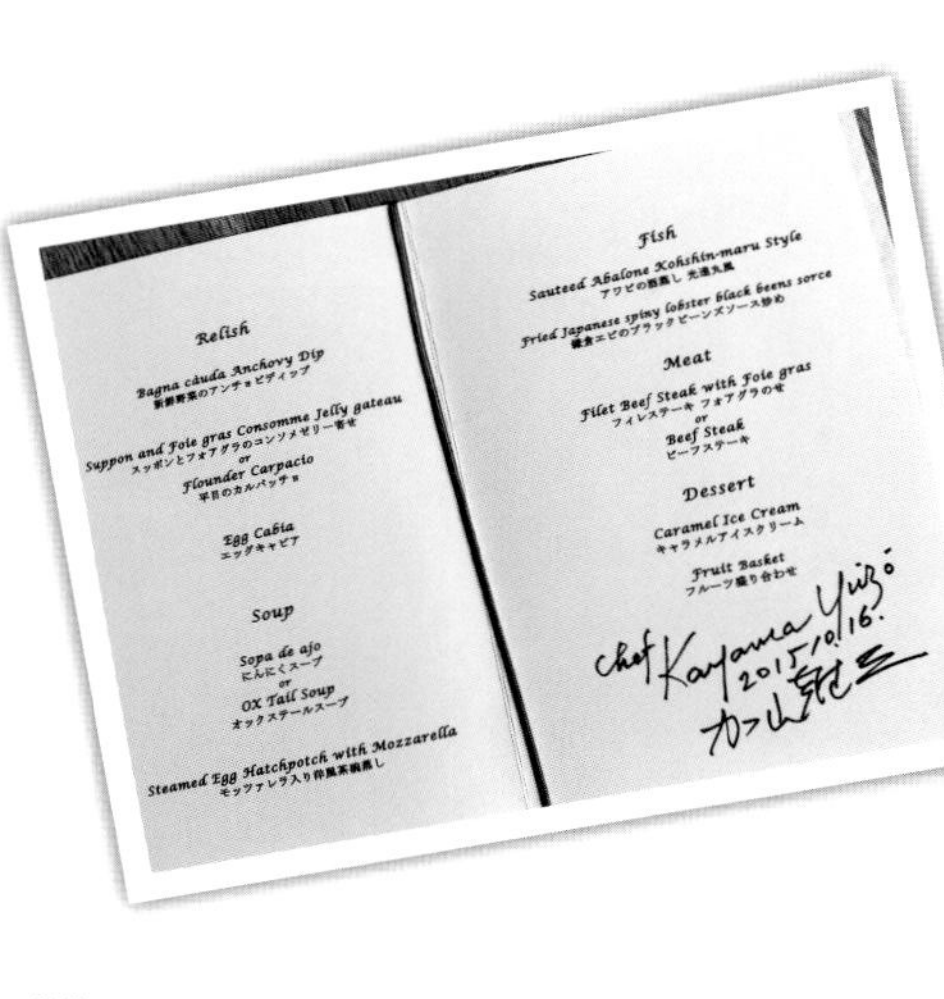

人の喜びを自分の喜びとする。そうすればもっと幸せになれる

家に人を招き、俺が料理を作って共に食べ、共に音楽と会話を楽しむ。人生における至福の時間だ。わが家にはいつも来客が絶えず、多いときには50人くらい一度に招いたこともあった。そりゃあ大変だったけど、楽しみのほうがずっと大きかったね。

どんなに人数が多くても、主な準備はほとんど一人でやる。スープをとることから始まり、肉の仕込みや調理、盛り付けなど、料理の要となる部分は、人にまかせるわけにはいかない。もちろん野菜を刻むなどの

家族や友人や子どもの友だちを招いての食事会はしょっちゅう。テーブルセッティングも衣装もこだわってプロ仕様に。

下ごしらえや片付けは、家族やスタッフにもずいぶん手伝ってもらった。

食事の後は、俺の歌で楽しんでもらう。その日の顔ぶれによっては、一緒に演奏して盛り上がることもあった。とにかく加山家を訪ねてもらったからには喜んで帰ってもらいたい。光進丸に招待するときも同じだ。

仕事でもないのにどうしてそこまで徹底的にやるのか、自分でもわかんないよ。でも、みんなが喜ぶ顔を見ると、疲れも吹っ飛んじゃうんだよね。生粋のエンターテイナーなんだろうな、俺(笑)。

人の喜びを自分の喜びとする。

何でもそういう気持ちでやれば、人生がどんどん楽しくなって、誰でももっともっと幸せになれるよ。

いったん興味を持つと、のめり込む気質

昔から、凝り性だった。

好きになったことは、とことん極めないと気が済まない。

食事が終わったら、音楽を楽しむのが加山家のもてなし。ギターを弾いて、歌を歌って、盛り上がる。左は加瀬邦彦さん。

子どものころの夢は船乗りで、横浜港で一日中船を見ていたり、おやじのカメラで写真をたくさん撮ったりした。それが高じて、木で船の模型を作り、そのうち設計図を描いて本物の船を造るようになった。

光進丸の船長になるために、小型船舶操縦士や5級海技士の免許も取った。20年以上前から、大型客船飛鳥（現在は飛鳥Ⅱ）の名誉船長にも任命されている。

初めて音楽に強い興味を持ったのは、小2のとき。叔父と結婚することになっていた女性が家に来て、オルガンでバイエルの74番を弾いてくれた。それを聴いて自分でも弾いてみたくなり、指の動きを教えてもらい、1時間半くらいで弾けるようになった。

中学生のとき、世界的なピアニスト、レオニード・クロイツァーがすぐ近所に住んでいて、毎日家の前でピアノを聴いていたんだ。ある日ご本人が家の中に招き入れてくれて、間近でピアノの音を聴いたらものすごく感動してね。曲は、ショパンの「英雄ポロネーズ」。

それで、どうしてもピアノを習いたくなり、彼のお弟子さんを紹介してもらって練習を始めた。すぐに曲も作るようになった。処女作は、「夜空の星」。最初はピアノ曲だったんだ。

高校生になると、友人の影響でウクレレやギターに魅せられ、あっという間に弾けるようになった。いったん興味を持つとのめり込み、自分が納得できるまで必死でやらずにはいられない気質なんだね。

スキーにも、ずいぶん夢中になったなあ。親に連れられ、小5から本格的に滑り始め、高校生のころには競技大会に出て、大学時代は国体に2度出場。ついに新潟県の越後湯沢に自分のスキー場までつくった。

絵を描くようになったのは、40代半ばのころ。子どもたちが、夏休みの宿題で絵を描くというので、一緒に始めようと思ったのがきっかけだった。手始めにミレーの絵を模写したら、油絵を描いている知り合いが、「デッサンがしっかりしている」と褒めてくれた。子どものころから船の設計図を描いていたおかげに違いないと、すっかりうれしくなり、次に油絵の具を何色も混ぜ合わせて色の研究をしているうちに色の魔術に魅せられ、20日くらいで5点もの油絵を描いてしまった。

その絵をたまたま三越の美術部の人が見てくれて、個展をやろうという話になり、約5カ月で86点も仕上げることができた。昼間は仕事で忙しかったが、帰宅すると寝る時間も忘れるほど集中し、まるでゾーンに入っているような状態が続いた。以来、俺の海の絵を欲しいという人が後を絶たず、ずっと描き続けてきた。本当にうれしく、ありがたいことだね。

俺の料理で、驚かせるのが楽しい

凝り性の気質は、料理をする上でも大いに役立ったと思う。

店でおいしいものを食べたら、家に帰ってから研究に研究を重ね、何

絵は今でも描いている。油絵は時間がかかるけど、水彩画だったら1時間で2枚くらいは描けるかな。

とか自分でも再現しようと努力してきた。時には店で食べるより、おいしい料理ができ上がったりする。味のセンスって、誰かに教えてもらって上達するものではない。やはり何度も作って食べて、自分の舌で判断しなければ、自分の味にはならないんだよ。

お店で食べたときに、だいたいどんな調味料を使っているのか想像できるけど、どうしても何か足りない、それがわからないということもある。そんなとき、何を足そうか考えながら自分なりにいろいろ工夫するのが楽しいんだね。シェフがコツを教えてくれることもあるけど、だいたい俺の思いつきのほうがよかったりする（笑）。

揚げえびのオーロラソース（74ページ）にジンを入れたり、特製春巻き（107ページ）のたれにしょっつるを混ぜたりするのも、ちょっとしたひらめきから生まれたアイデアだ。

ほかでは食べられない料理で、人を驚かせるのが楽しいね。「こんなうまいもの、食ったことがない」なんて言われたら、料理人冥利に尽きる。

加山家のもてなしは、プレゼンテーションにもこだわってきた。俺はコックさんの服を着て料理を出し、女房や子どもたちはドレスアップして接客する。食べる前から、お客さんが大喜びしてくれた。

中華のフルコースでもてなすために、合羽橋で大量の中華料理用食器を買いそろえたときは、お店の人に「加山さん、今度中華料理屋でもやるの?」なんて言われちゃったよ。香港まで香港しょうゆを買いに行ったり、中華街に珍しい食材を買いに行ったり、何でも本格的にやらないと気が済まない。

中華料理でよく使われる回転テーブルも、自分で作った。ホームセンターで厚さ20㎜のベニヤ板を2枚買ってきて丸く切り、ベアリングを土台に大小2つのテーブルを組み合わせて回せるようにしたんだ。片付けるときは、バラして家具のすき間に入れておけばよかった。

数え切れないほどいろんな人が来てくれたけど、思い出深いのは黒澤明監督を家に招いたとき。俺が作った料理を喜んで食べてくれて、酒を飲む量もすごかったんだよ。そのうち朝になっちゃってね。

黒澤監督が人の家で長居するのは、かなり珍しいことだったと後で聞いたから、きっと居心地がよかったんだろうね。

こう見えて、人の評価はけっこう気になるほうなんだ。俺の料理を食べた人が、どんな感想を言ってくれるか、いつもキッチンから聞き耳を立てている。ビュッフェスタイルにしたときは、どの料理が一番人気か、最後まで残ったのは何か、常にチェックして次の料理に生かしてきた。すべて、もっとみんなに喜んでもらうためだ。

俺のもてなし料理のおかげで、結婚したスタッフもいるんだよ。料理を作っている隣で、やたらレシピを教えてくれって言うから、何かおかしいなと思っていたんだけど、後から聞いたら好きな子に料理をふるまって、作り方を教えてあげたりしたことで交際が始まり、結婚することができましたって。

そんな話を聞くと、素直にうれしいよね。

中華のもてなし

基本の上湯《シャンタン》

澄んだスープのでき上がり。
一度にたくさん作っておき、
様々な料理に使い回す

材料

鶏もも肉（皮付き）…大2枚（700g）
水…2000㎖

切る

鶏肉は皮付きで使う。小さく切ったほうがだしがよく出る。

煮込む

大きめの鍋に鶏肉、水を入れ、中～弱火で沸騰しないように静かに煮込む。

こす

半分ぐらいの量になるまで煮詰めたら、ボウルにザルにのせ、キッチンペーパーを敷き、こす。

できれば魚屋さんで
透き通るぐらい
薄く切ってもらうこと

鯛サラダ中華風

材料（作りやすい分量）

鯛刺身用（さく）…200〜300g

◎下味

だし汁…100mℓ（顆粒昆布だし少々を湯100mℓで溶く）

塩…少々

レタス…1玉

ワンタンの皮…10枚

揚げ油…適量

◎たれ

上湯（P104）…60mℓ

しょうゆ…大さじ1

オイスターソース…大さじ1

顆粒昆布だし…小さじ1

砂糖…小さじ½

塩…少々

レモン汁…少々

ごま油…少々

白いりごま…適量

作り方

❶鯛はできるだけ薄くそぎ切りにする。ボウルに入れ、下味の材料を加えて混ぜ、20分ほどおく。

❷170℃の揚げ油でワンタンの皮をこんがりと揚げる。たれの材料はよく混ぜ合わせる。レタスはちぎる。

❸器にレタスを敷き、その上に❶を並べ、揚げたワンタンを添える。

❹取り分けて、ワンタンの皮を崩しながらのせ、たれをたっぷりかけていただく。

たくさんの具が
混じり合った複雑な味わい。
しょっつるがいい味出すんだ

特製春巻き

材料（5人分）

豚ひき肉…250g
かに（できればたらばがに）缶…大1缶（110g）
帆立缶…大1缶（125g）
玉ねぎ…1個
万能ねぎ…5本
青じそ…5枚
卵…1個
酒…大さじ2
片栗粉…小さじ2
春巻きの皮…10枚
卵白…卵1個分
揚げ油…適量
サラダ菜、青じそ…各適量
◎たれ
「しょうゆ…大さじ3
　しょっつる…小さじ1

作り方

❶玉ねぎ、万能ねぎ、青じそはみじん切りにし、大きめのボウルに入れて合わせる。
❷かには身をほぐし、軟骨を残さず抜く。帆立も同様にほぐす。
❸❶のボウルに❷、ひき肉を加え、卵、酒、片栗粉を加え、よく混ぜ合わせる。
❹春巻きの皮をまな板に1枚ずつ敷いて卵白を皮のまわりに指で少量塗る。
❺❸の具を10等分し、皮にのせてそれぞれ巻き、バットに並べる。
❻140℃の揚げ油で春巻きを揚げる。軽く転がしながらこんがりと色付いたら、最後は160℃の温度で揚げて油をきる。
❼器に斜めに切った春巻きを盛り、サラダ菜、青じそを添える。
＊サラダ菜、青じそで春巻きを包み、たれをつけて食べる。

多めに作って常備菜にすれば アレンジおかずにも大活躍

レタスでひき肉を包んでいただく。

上湯で作るうま味たっぷりの極上スープ

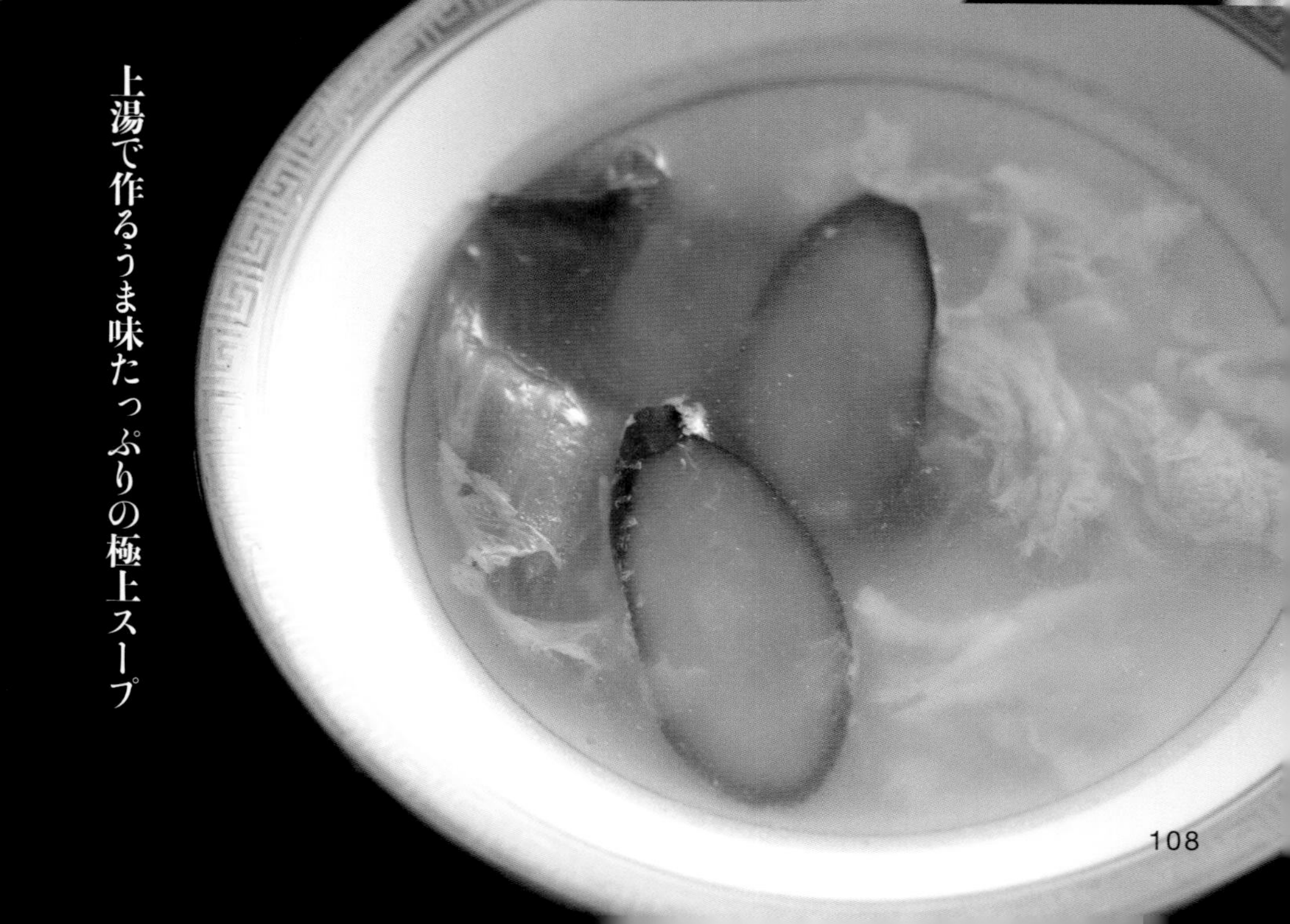

ひき肉のレタス包み

材料（4人分）

豚ひき肉…300g
たけのこ（水煮）…½個
長ねぎ…2本
しいたけ…5枚
にんにく…2片
しょうが…1½かけ
◎調味液
しょうゆ…大さじ3
豆板醤…小さじ1
ごま油…小さじ2
砂糖…ひとつまみ
塩、こしょう…各少々
サラダ油…大さじ2
水溶き片栗粉…大さじ1½
レタス…適量

作り方

❶たけのこ、長ねぎ、しいたけ、にんにく、しょうがはみじん切りにする。
❷フライパンに油を熱し、にんにく、しょうがを焦がさないように香りが出るまで炒める。
❸長ねぎ、ひき肉を順に加えて炒め、火が通ったらたけのこ、しいたけを加えてざっくりと炒め、調味液を加えて汁気が少なくなるまで炒める。
❹水溶き片栗粉を加え、軽くとろみをつける。
❺器に盛り、大きめにちぎったレタスを添える。

きゅうりとレタスのスープ

材料（4人分）

上湯（P104）…1000mℓ
きゅうり…½本
レタス…1枚
卵…1個
塩…少々
ごま油…適量

作り方

❶きゅうりは2㎜幅の斜め薄切りに、レタスはちぎる。
❷鍋に上湯を入れて煮立て、塩で味をととのえ、きゅうりとレタスを加える。
❸卵を溶いて流し入れる。
❹ごま油をたらし、器に盛る。
＊コクが足りないようなら顆粒昆布だし少々を加えるとよい。

洋のもてなし

オックステールスープ

出航前に仕込んでいた定番のスープ。
煮込むときに卵の殻を入れると透明で澄んだスープになる

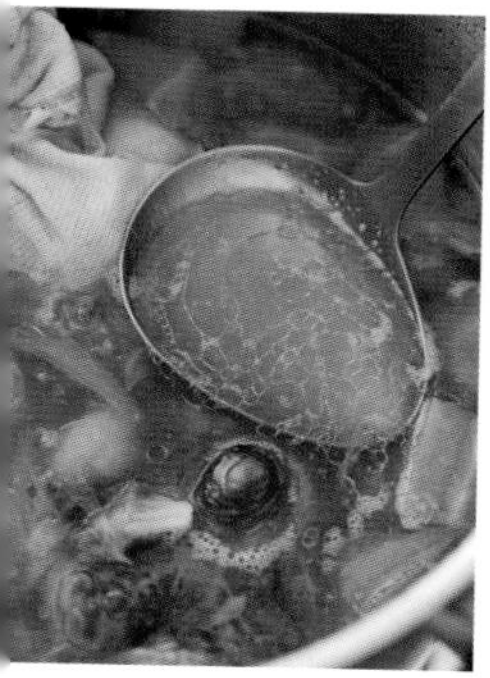

材料（作りやすい分量）

牛テール…500g
玉ねぎ…大1個
にんじん…2本
酒…500mℓ
水…1500mℓ
固形チキンブイヨン…2個
顆粒コンソメ…大さじ1
しょうゆ…大さじ1
＊卵の殻5個分を用意。

卵の殻を入れて煮ると、スープが透明になる。ふきんで包んでスープに入れ、最後に取り出す。

作り方

❶大きな鍋に牛テール、酒、水を入れる。
❷玉ねぎは薄切りに、にんじんは乱切りする。❶に加えて強火にかける。
❸沸騰したら、チキンブイヨン、コンソメ、しょうゆを加えて煮込む。アクが出たら取り除く。
❹3〜4時間ほど煮込んだら、卵の殻をふきんで包み、殻が崩れても漏れないようにたこ糸で留め、加える。
❺弱火で30分ほどコトコト煮て、スープが透明になったら卵の殻を取り出す。
❻牛テールの肉をほぐして玉ねぎ、にんじんとともに器に盛り、スープを注ぐ。

あわびのステーキ

あわびのうま味を吸った
エリンギがまた格別のおいしさ。
短い時間でさっと炒めるのがコツなんだ

材料（1～2人分）

あわび…1個
エリンギ…1～2本
にんにく…1片
塩…少々
バター…大さじ1
しょうゆ、こしょう
…各少々

作り方

❶あわびは洗いながら殻から包丁ではがす。肝とかたい部分は除く。
❷塩をふって手でぬめりを取りながらさっと水で洗い落とし、水気を拭く。5㎜厚さの斜め切りにする。
❸エリンギはあわびと同じ大きさ、厚さに切る。にんにくはみじん切りにする。
❹フライパンにバターを溶かし、エリンギを炒め、にんにくを炒める。強火にし、あわびを加えて20秒ほどさっと炒める。
❺しょうゆ、こしょうで調味し、器に盛る。

あわびはたわしなどでゴシゴシ洗わず、手でそっと洗い包丁ではがす。

フィレステーキ フォアグラのせ

フォアグラの脂をかけて焼くこと、フィレ肉にコクと風味が加わる

フォアグラを焼いて出てきた脂を、焦がさないよう気をつけながら牛肉に流しかけ、焼き付ける。

材料（1人分）

牛フィレステーキ用肉…100g
塩、こしょう…各少々
パプリカパウダー…少々
フォアグラ（フィレより少し小さめ）…80g
帝国ホテルのコンソメスープ缶…½缶
バルサミコ酢…大さじ1
◎にんじんグラッセ（作りやすい分量）
にんじん（3cm長さのシャトー切り）…½本分
砂糖…大さじ1
バター…15g
塩…ひとつまみ
ローリエ…½枚
水…200mℓ
ブロッコリー…適量

作り方

❶にんじんグラッセの材料を鍋に入れて汁気がなくなるまで煮て、グラッセを作る。ブロッコリーはゆでる。
❷牛肉に塩、こしょう、パプリカパウダーをふる。フライパンを熱して油をひかずに牛肉を入れ、片面が焼けたら裏返し、フォアグラを加えて一緒に焼く。フォアグラから脂が出てくるので、その脂を牛肉にスプーンでこまめにかけて、フォアグラの風味をつけて焼く。
❸牛肉につやが出て少し焦げ目がついたら、中はやわらかいままで器に移し、フォアグラをのせる。器はあらかじめ温めておく。
❹フライパンにコンソメスープ缶を入れ、⅔量ぐらいまで煮詰めてとろみをつけ、フォアグラにかけ、バルサミコ酢をかける。❶を添える。

トマトとアスパラガスのサラダ 玉ねぎドレッシング

玉ねぎたっぷりのドレッシングが自慢の味。
フルーツトマトがおいしいよ

材料（2～4人分）

フルーツトマト… 大2個
グリーンアスパラガス… 4本
◎玉ねぎドレッシング
玉ねぎのみじん切り… 1/4個分
サラダ油… 大さじ3
酢… 大さじ2
マヨネーズ… 大さじ1
塩… 小さじ1/2
砂糖… ひとつまみ
こしょう… 少々

作り方

❶フルーツトマトは薄切りにする。
❷アスパラガスは沸騰した湯で1分ほどゆで、水にさらして水気を拭き、半分の長さに切る。
❸ドレッシングを作る。玉ねぎは水にさらし、水気をきって、ほかの材料と混ぜ合わせる。
❹❶、❷を器に盛り、❸のドレッシングをかける。

モッツァレラチーズの茶碗蒸し

材料（2人分）

卵…2個
モッツァレラチーズ（ひと口サイズ）…6個
顆粒昆布だし…小さじ1/2
顆粒和風だし…小さじ1/2

帝国ホテルのコンソメスープ缶…2缶
薄口しょうゆ…大さじ1
水溶き片栗粉…大さじ1
梅ペースト…適量

作り方

❶昆布だし、和風だしを少量の湯で溶かし、コンソメ缶1缶と合わせて400mℓになるようにして温める。薄口しょうゆを加え、さまして100mℓを取り分けておき、溶き卵を加えて一度こす。

❷器に❶の卵液を入れ、モッツァレラチーズを1つの器に3個ずつ加えて蒸し器で10分ほど蒸す。

❸鍋に取り分けておいただし汁100mℓとコンソメ缶1缶を入れ、火にかける。沸騰したら火を止め、水溶き片栗粉でとろみをつける。

＊2人分には量が少し多め。

❹❷の茶碗蒸しに❸をティースプーンで注ぎ入れ、中央に梅ペーストをのせる。

トリュフペーストをのせたり、うにをのせたりとアレンジも自由

アンチョビディップ

とろみをつけて野菜に
からみやすくするのがポイント。
グリッシーニや野菜が合うよ

材料（2〜3人分）

アンチョビペースト…大さじ1
生クリーム…150mℓ
バター…大さじ1
にんにくのすりおろし…1片分
水溶き片栗粉…大さじ1
◎つけ合わせの野菜
パプリカ（赤・黄）…各適量
グリーンアスパラガス
（できればベビー）…適量
キャベツ…適量
細めのグリッシーニ…適量

作り方

❶フライパンにバターを溶かし、にんにくを焦げないように炒める。
❷アンチョビペーストを加えてさらに炒め、生クリームを加えてよく混ぜ合わせ、水溶き片栗粉でとろみをつけて火を止める。
❸野菜は食べやすく切り、アスパラはゆでる。グリッシーニと盛り合わせ、温かい❷を添える。

キャラメルアイスクリーム

手作りのアイスクリームはどんな名店にも負けない味！

材料（5～7人分）

牛乳…500㎖
砂糖…50g
卵黄…6個分

◎キャラメルソース
砂糖…125g
生クリーム…100㎖
バニラエッセンス…少々

作り方

❶鍋に牛乳を入れて火にかけ、泡立て器でかき混ぜながら砂糖、卵黄を加え、とろ火でとろりとするまで煮る。

❷キャラメルソースを作る。小鍋に砂糖を入れ、水を大さじ2～3ずつ（分量外）加えながら弱火でゆっくり煮詰める。

❸焦げ茶っぽく色づいたら生クリームを鍋をゆすりながら加え、混ぜる。沸騰したら火を止め、バニラエッセンスを加える。

❹アイスクリーマーにさました❶と❸のキャラメルソースを入れてふたをして混ぜ、アイスクリームを作る。

＊アイスクリーマーは冷凍庫で12時間以上キンキンに冷やしておく。

メニュー表を本格的に作るのはゲストをもてなす第一歩

お客さまを迎えるときは、なるべく喜んでもらいたいから、すべてを完璧にしたい。凝り性だから、メニュー表も一流レストランのコースで出てくるようなきちんとしたものを作るんだ。

左のメニュー表は実際に光進丸でお客さまをもてなしたときのもの。自分で仕込みから調理、盛り付け、すべてを担当する。もちろんデザートまで手を抜かない。この本の中でそれぞれのレシピを紹介しているから、挑戦してほしいな。

刷り上がったメニュー表を船内で1枚ずつ畳んでセット。ゲストの喜ぶ顔を想像しながら。

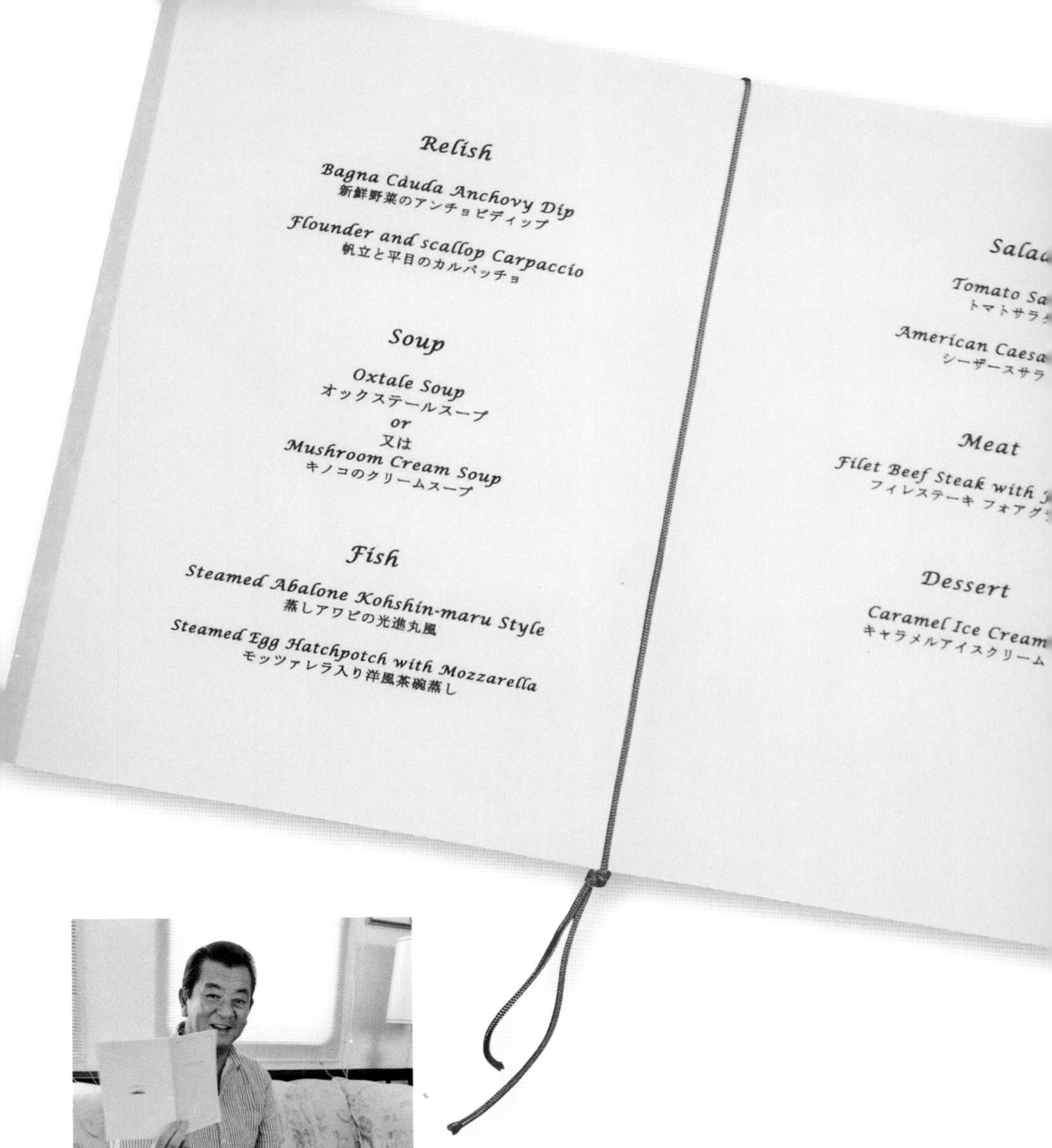

メニュー表の空いているスペースに、「おいしい」と言ってくれた人にだけサインをするんだ。「Chef Kayama Yuzo」ってね。

イタリアンのもてなし

4種のディップアラカルト

ワイン片手に話がはずむときのおともに欠かせない

たらこディップ

野菜はなんでもOK。
パンに塗ってもおいしい

材料（2〜3人分）

たらこ…½腹（50g）
サワークリーム…75g
ラディッシュ、セロリ、にんじん、大根など…各適量

作り方

❶たらこは薄皮を除き、サワークリームとあえる。
❷野菜はスティック状に切って添える。

アボカドディップ

メキシカンのワカモレ風。
アボカドは熟したものを使う

材料（2〜3人分）

アボカド…1個
サワークリーム…50g
塩、こしょう…各少々
トルティーヤチップス…適量

作り方

❶アボカドは皮と種を除いて適当な大きさに切り、サワークリームとともにミキサーにかけ、塩、こしょうをふって混ぜる。
❷トルティーヤを添える。

帆立のディップ

市販のオニオンスープの素を隠し味にしてるんだ

材料（2～3人分）

帆立缶…小1缶
サワークリーム…50g
粉末オニオンコンソメスープの素…1袋
ポテトチップス（できれば堅あげポテトチップスブラックペッパー）…適量

作り方

❶オニオンコンソメスープの素は少量の熱湯で溶く。
❷ボウルに❶、汁気を少しきった帆立、サワークリームを入れてよく混ぜ合わせる。
❸ポテトチップスを添える。

*帆立缶の缶汁はエキスがあってよいが、水分が多いとディップがゆるくなりがちなので汁気は少しきるとよい。

みそディップ

ねりみそのディップ版。みそは合わせみそを使う

材料（2～3人分）

みそ…大さじ2
にんにく…1/2片
みりん…小さじ2
サラダ菜…適量

作り方

❶にんにくはすりおろす。
❷みそ、にんにく、みりんを加えてよく練る。
❸サラダ菜を添える。

トマトのかにあん詰め

手でつまんで食べられる
トマトのファルシはパーティで大人気

材料（2～4人分）

ミディートマト…4個
かに（できればたらばがに）缶
…大½缶（55g）
マヨネーズ…大さじ½
生クリーム…大さじ½
コンデンスミルク…小さじ½
こしょう…少々
バジル（ドライ）…適量
チャービル…適量

作り方

❶ミディートマトはヘタのまわりをくりぬき、種をきれいに除いて、平らになるように底を薄く切り取る。
❷ボウルにほぐしたかに、マヨネーズ、生クリーム、コンデンスミルク、こしょうを加え、バジルを香り程度に加えて混ぜ合わせる。
❸❶のトマトに❷を詰め、チャービルを添える。

鶏肉を食べやすく
下処理するのがポイント

若鶏のスティック チーズソテー イタリア風

材料（2人分）

若鶏手羽元…4本
にんにくのすりおろし…1片分
塩…適量
白こしょう…適量
粗びき黒こしょう…適量
粉チーズ…小さじ4
バター…大さじ1
レモン（くし形切り）…2切れ
クレソン…適量

作り方

❶包丁で手羽元の骨に沿って切り込みを入れ、骨の細い部分は残す。まな板に手羽元を並べ、にんにくを全体にまぶしつける。皮目に塩と黒こしょう、裏面に塩と白こしょうを均等にふってしばらくおく。
❷焼く直前に、皮目に粉チーズをまぶす。まぶしたら上から押さえる。
❸フライパンにバターを溶かし、❷の皮目を下にして強火で焼く。こんがりと色付いたら裏返す。
❹両面焼いたら器に盛り、レモン、クレソンを添える。

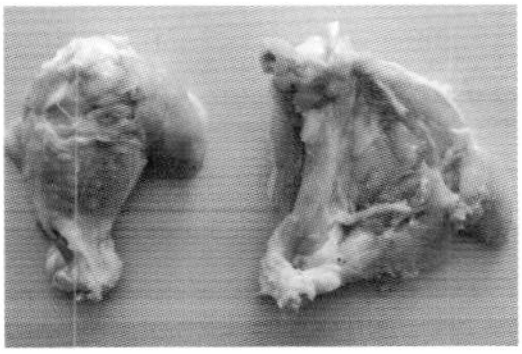

手羽元は骨がはずれやすいよう、包丁で骨に沿って切り込みを入れる。

とびっこパスタ

あさりから出ただしを
多めにかけると極上の味になる

材料（2人分）

◎あさりだし
- あさり…10個
- バター…大さじ1
- 酒…100㎖
- 顆粒昆布だし…4g

とびっこ…½〜1パック
青じそのせん切り…4〜5枚分
バター…大さじ1
パスタ（フェデリーニ）…180g

作り方

❶あさりだしを作る。鍋にバターを溶かし、あさり、酒、昆布だしを加えてふたをする。あさりの殻が開いたら取り除き、だしはこす。
❷パスタを袋の表示時間より1分半短くゆで、湯をきる。
❸フライパンにバターを溶かし、❷、❶を加えてあえ、とびっこ半量も加えて混ぜる。
❹器に盛り、青じそと残りのとびっこを飾る。

りんごのコンポート

季節のフルーツでよく作る。
コースの締めにぴったりなんだ

材料（**4～5人分**）

りんご…1個
砂糖…大さじ4
グランマニエ…適量
水…400mℓ
ミントの葉…適宜

作り方

❶りんごは皮をむいて芯を除き、縦16等分にする。
❷鍋に水と砂糖、❶のりんごを入れ、グランマニエをふり入れ、とろ火で火が通るまで煮る。
❸冷蔵庫で冷やし、器に盛って好みでミントを添える。

*洋梨のコンポートも加山家でよく作る人気メニュー。作り方はりんごと同じで、香り付けにはグランマニエではなく、シャンパンを使う。

中華前菜1

砂肝スペシャルソース漬け

砂肝の銀皮をはがす下ごしらえは時間がかかるが、口当たりが全く違うので、ぜひ試してほしい

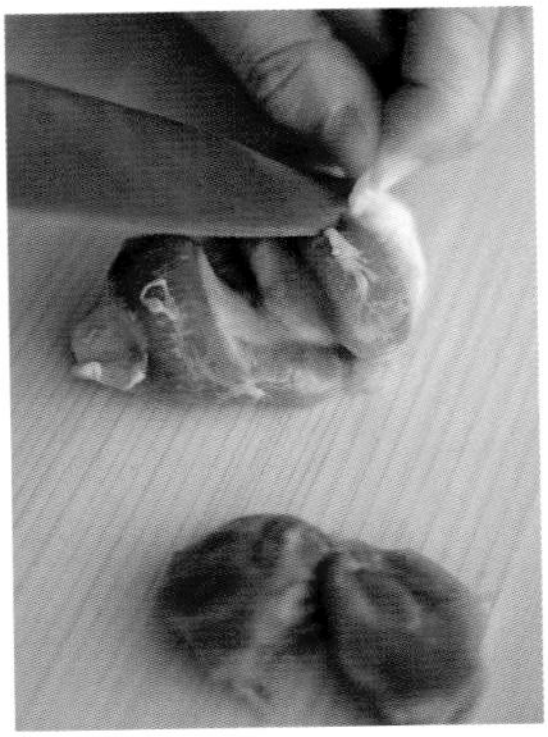

筋と白い部分をていねいに包丁ではがしていく。

下処理したらスペシャルソースに漬けておく。

材料（作りやすい分量）

砂肝…300g
◎スペシャルソース
酒…400㎖
みりん…大さじ3
中濃ソース…大さじ3
しょうゆ…大さじ2
砂糖…小さじ½
赤唐辛子のみじん切り…少々
八角…1個
サラダ油…大さじ1

作り方

❶砂肝は筋を取り、銀皮（白い部分）をはぐようにしながら取り除く。
❷スペシャルソースの材料をよく混ぜ、❶を30分〜1時間漬けておく。
❸フライパンに油を熱し、❷の水気を拭いて揚げ焼きにする。
❹油をきってさまし、器に盛る。

中華前菜2

蒸し鶏ねぎ油

たっぷりのねぎのみじん切りと、ねぎ風味の油でいただく

材料（2〜3人分）

鶏もも肉（皮付き）…大1枚（350g）
酒…½カップ
長ねぎ…½本
塩…小さじ1
米油…大さじ6

作り方

❶鶏肉を深めの皿に入れて蒸し器にのせ、酒を注いで10〜15分蒸す。中まで火が通ったら、食べやすい大きさに切って器に盛る。
❷長ねぎは半分をぶつ切りに、残りはみじん切りにする。
❸フライパンに米油を熱し、長ねぎのぶつ切りを入れて香りが立ったら、火を消して塩を加え、ねぎを取り出してさます。
❹❶にみじん切りにした長ねぎをのせ、❸のねぎ油をかける。

中華でもてなすとき、よく前菜として作ったのが砂肝スペシャルソース漬け、蒸し鶏ねぎ油、くらげの前菜、白菜の甘酢漬けの4品。それぞれ違う味、違う食感の組み合わせがいいんだ。

砂肝は1個ずつていねいに筋と銀皮を取って口当たりよく。手間はかかるけど砂肝こそ筋を取るべきだな。

蒸し鶏はねぎ油とたっぷりのねぎで。蒸し鶏を中華風ではなく和風のたれで食べることもある。とにかく蒸し鶏はよく作るメニュー。白菜の甘酢漬けは白菜の芯だけを使うと歯ごたえがよくておいしくできる。

ほかに中華前菜で好きなのはピータン豆腐かな。ピータンは中がやわらかい軟芯タイプを選ぶ。これらを盛り合わせてメインの前によく出しているよ。

中華前菜3

くらげの前菜

材料（作りやすい分量）

くらげ（塩蔵）…70g

◎たれ

上湯（P104）…100mℓ

酒…大さじ1

しょうゆ…大さじ1/2

砂糖…少々

ごま油…適量

作り方

❶くらげは水に漬けてよく塩抜きして湯通しし、食べやすい長さに切る。

❷ボウルにたれの材料を入れて混ぜ合わせる。

❸❷に❶を加えてあえ、器に盛る。

中華前菜4

白菜と大根の甘酢漬け

材料（作りやすい分量）

白菜（芯の部分）…200g

大根…160g

塩…小さじ2

◎甘酢

酢、砂糖…各大さじ2

桂花陳酒…大さじ1/2

赤唐辛子の小口切り…少々

サラダ油…ほんの少々

オレンジ…1/4個

作り方

❶白菜は8cm長さの細切りにして、塩小さじ1をふって水気が出たら絞る。

❷ボウルに甘酢の材料を入れて混ぜ、❶の白菜を漬け込む。

❸大根は7mmの細切りにし、塩小さじ1をふり、ボウルに入れて軽く混ぜる。別のボウルに水を入れて重しにし、15~30分漬ける。水洗いして、水気をぎゅっと絞る。

❹❷に❸を加え、オレンジを絞ってよく混ぜ合わせ、味がなじむまでしばらく置く。

❺汁をきって器に盛る。

味の決め手はコレ！

桂花陳酒　中国の白酒にキンモクセイの花を3年間漬け込んだ甘味が強く、香り高い酒。ほんの少し入れると、抜群にうまくなる。

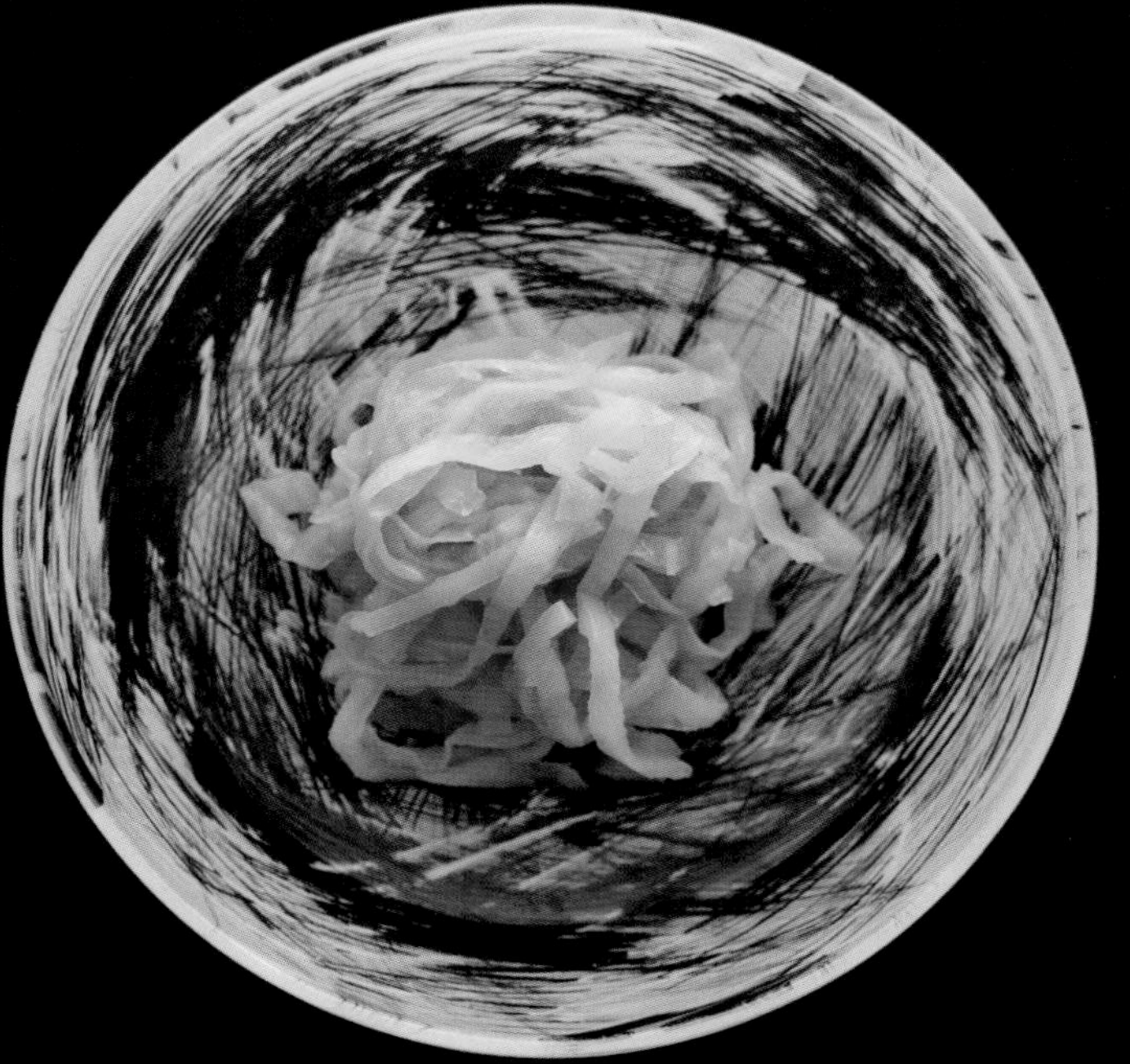

コリコリした食感が人気。
中華前菜の盛り合わせの名脇役

箸休めに最高。
白菜は芯だけ使うと
食感がよくてGOOD

中華麺

イーフーメン

香港イーフーメンを中華麺ではなくうどんで作る。黄にらを二回に分けて加え、食感を残すのがポイントだ

材料（2人分）

黄にら…5〜6本
ふくろだけ（水煮缶）…6個
乾麺
（稲庭うどんまたはきしめん）
…160〜200g
◎たれ
- 上湯（P104）…200mℓ
- 香港しょうゆ…大さじ1
- オイスターソース…大さじ1
- しょうゆ…大さじ½
- 酒…大さじ½
- 砂糖…小さじ½
- 塩…少々

サラダ油…大さじ½

作り方

❶黄にらは5cm長さに、ふくろだけは半分に切る。
❷麺は袋の表示時間より2分ほど短くゆで、ザルに上げて水にさらし、水気をよくきる。
❸鍋にたれの材料を入れて沸騰させ、麺をさっと浸けて引き上げる。残ったたれはとっておく。
❹フライパンに油を熱し、うどん、黄にらの半量、ふくろだけを炒める。
❺火が通ったら、残しておいたたれを玉じゃくし1杯、残りのにらを加えてさっと炒め合わせ、すぐに火を止めて器に盛る。

この3つが味の決め手！

右から香港しょうゆ、ふくろだけ、黄にら。すべて本格的な味を作るために必要。今はネットで注文できる。

さわらのムニエル

ほうれん草とアンチョビペーストのソースは、白身魚との相性もよい。つけ合わせのにんじんとじゃがいもは、なるべく細く切る

材料（2人分）

さわら…2切れ
塩、粗びき黒こしょう、小麦粉…各少々
ズッキーニ…½本
にんじん…⅓本
じゃがいも…½個
◎ソース
ほうれん草（またはパセリかあさつき）…1株
アンチョビペースト…大さじ½
バター…大さじ2〜3
生クリーム…大さじ2
オリーブオイル…大さじ1
揚げ油…適量

作り方

❶さわらに塩、黒こしょうをふって下味をつけ、小麦粉をまぶす。
❷ズッキーニは輪切りに、にんじん、じゃがいもはせん切りにする。じゃがいもは水にさらして水気をきる。
❸フライパンにオリーブオイルを熱し、❶を皮目から入れて軽く焦げ目を付けるように両面を焼き上げる。空いたところでズッキーニも一緒に焼く。
❹にんじんとじゃがいもは180℃の揚げ油でカラッと素揚げにする。
❺ソースを作る。ほうれん草はゆでてみじん切りにし、すり鉢で細かくする。
❻フライパンにバターを溶かし、アンチョビペーストを加えて混ぜ合わせる。
❼❻に❺を加えて混ぜ、生クリームを加えてさらに混ぜ合わせる。
❽器に❸のさわらとズッキーニを盛り、❹の揚げ野菜を添え、❼のソースをかける。

いかのサラダ

**いかはゆですぎず、
色が変わったら引き上げるのが
やわらかく仕上げるコツ。
食感が楽しいサラダだ**

いかはゆでたらすぐにレモンを絞る。

材料（2人分）

するめいか…1杯
さやいんげん…10〜12本
にんじん…1/2本
きゅうり…1本
マッシュルーム…3個
塩…ひとつまみ
レモン…1/2個
◎ドレッシング
サラダ油…大さじ2
酢…大さじ1 1/2
粉チーズ…大さじ1/2
塩…小さじ1/2
こしょう…小さじ1/4
うま味調味料…少々
七味唐辛子…少々

作り方

❶いかはわたと足を除き、皮をむいて細めの輪切りにする。
❷鍋に湯を沸かし、塩を加えて❶をさっとくぐらせ、ザルに上げてレモンを絞る。
❸さやいんげんはヘタと筋を除いてゆで、ザルに上げて3等分に切る。にんじんは短冊に切ってゆでる。きゅうりは短冊切りにする。マッシュルームは薄切りにしてレモンを絞る。
❹❷、❸を冷蔵庫で冷やす。
❺ドレッシングの材料を混ぜ合わせ、食べる直前に❹をあえ、器に盛る。

＊いかのわたと足は、ホット塩辛（164ページ）にするとよい。
＊さやいんげん、にんじん、きゅうりが同じ長さになるように切るとよい。
＊ドレッシングの粉チーズは多めに入れてもよい。

クラムチャウダー

最後にホワイトソースかマッシュポテトを加えてとろみとコクを出すのが俺流なんだ

材料（4人分）

あさりのむき身…80g
ベーコン…3枚
じゃがいも…1個
バター…大さじ1
水…400㎖
牛乳…250㎖
ハインツのホワイトソース缶…1/4缶（75g）
生クリーム…35㎖
顆粒コンソメ…小さじ2
黒こしょう…少々
パセリのみじん切り…適量

作り方

❶あさりはさっと洗い、水気を拭く。ベーコン、じゃがいもは小さく切る。
❷鍋にバターを溶かし、ベーコンを炒める。じゃがいもを加えて炒め、あさりを加えて崩さないように炒め合わせる。
❸水、コンソメ、黒こしょうを加え、5～6分、混ぜながら煮る。
❹牛乳を加え、温まったらホワイトソース缶と生クリームを加えて火を消し、器に盛ってパセリを散らす。

光進丸の厨房でもよく作っていたのがクラムチャウダー。あさりはむき身が使いやすいけど、もちろん殻つきでもいい。はまぐりでもいいね。そういえば、海の上では、食べ終わった貝の殻は海に返しているんだよ。

スープで具を煮たら、牛乳とホワイトソースを加え、最後は生クリームで仕上げる。ホワイトソースは本当はバター、小麦粉、牛乳で作るけど、面倒ならホワイトソース缶を使ってもいい。ハインツの缶詰を愛用しているよ。

ホワイトソースの代わりにマッシュポテトを加えてもいいんだ。じゃがいもをマッシュし、熱いうちにバターと牛乳を加えて混ぜる。どちらかを加えるととろみとコクが出て、スープがまろやかにおいしくなるんだ。

4種のきのこスープ

きのこは4種類をたっぷり入れるのがベスト。こしてエキスだけを上湯にとじこめるんだ

上湯できのこを煮込む

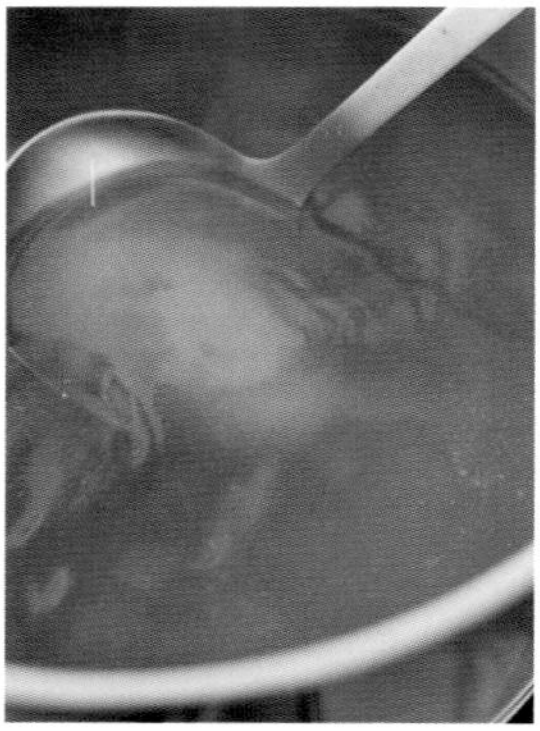

きのこをこす

きのこのスープは見た目が真っ白いので、みんなに驚かれる。えのき、しいたけ、しめじ、マッシュルームの4種類がそろって初めてこの味になる。どれが欠けてもダメなんだ。

たくさんのきのこは、ぜいたくにだしだけとって取り除いてこす。そこにさらにチキンブイヨンを加えてうま味たっぷりに。だしを取ったきのこは、刻んでオムレツに入れたり、ソテーしたり、炒めものに入れたりして無駄なく使うといいよ。

スープによく合わせるのがガーリックトースト。わが家ではバゲットににんにくバターを塗って、けしの実をふるのがポイントかな。サクサクッとして食感がよくなる。ガーリックライスとガーリックトーストは加山家の定番。ステーキなどと一緒に提供することが多いね。

4種のきのこスープ

材料（作りやすい分量）

えのきだけ…1袋
しいたけ…1パック
しめじ…1パック
マッシュルーム…1パック
上湯（P104）…400㎖
固形チキンブイヨン…2個
生クリーム…100㎖

作り方

❶しいたけ、しめじ、えのき、マッシュルームはそれぞれ石づきを取る。軸も捨てずに使う。
❷大鍋に❶と上湯を加え、チキンブイヨン1個を加えて煮立たせ、弱火にしてコトコト50分ほど煮込み、アクをまめに除く。味をみて残りのチキンブイヨンを加える。
❸きのこのだしが十分にとれたらこし、だしだけを鍋に戻す。
❹生クリームを加えひと煮立ちさせる。
❺温めておいた器に盛る。

ガーリックトースト

材料（2人分）

バゲット（薄切り）…4切れ
バター…大さじ1
にんにくのすりおろし…½片分
けしの実…少々

作り方

❶バターとにんにくを混ぜ合わせ、バゲットに塗る。
❷けしの実をふり、オーブントースターで軽く焦げ目が付くまで焼く。

ココナッツミルクではなく、
牛乳で軽い味に。温かいのがうまい

栗の季節にぜひ作りたい、
簡単にできて絶品の和菓子

あずき入り和風タピオカ

材料（4人分）

牛乳…250㎖
ゆであずき缶…½缶（100g）
タピオカ…大さじ3
砂糖…大さじ1

作り方

❶沸騰した湯でタピオカをゆでる。通常のゆで時間より2〜3分早く上げ、冷水で洗って引き締める。
❷鍋に牛乳、ゆであずき、砂糖を入れて混ぜながら温め、❶を加える。

栗きんとん

材料（16〜18個分）

栗…約16個（正味200g）
バター（有塩）…大さじ2
砂糖…大さじ2
塩…ひとつまみ

作り方

❶栗を蒸し器で20分蒸し、半分に切ってスプーンで中身を取り出し、ボウルに入れる。
❷栗をマッシャーでつぶしながら熱いうちにバターを加え、溶かして混ぜ合わせる。
❸砂糖、塩を加えて混ぜ、ラップで包んで茶巾絞りにし、冷蔵庫で冷やす。

栗はゆでるより蒸したほうがおいしい。蒸し上がったら半分に切り、スプーンでくり抜くと簡単に中身が取り出せる。

マンゴープリン

味はマンゴーで決まる。よく熟したよいものを使おう

材料（4人分）

マンゴー（よく熟したもの）…1個（正味250g）
粉ゼラチン（水でふやかさないタイプ）…5g
湯…50㎖
レモン汁…少々
エバミルク…適量

作り方

❶80℃以上の湯で粉ゼラチンを溶かす。
❷マンゴーは皮をむいて種を除き、つぶす。
❸❷に❶、レモン汁を加えてよく混ぜ、器に流し入れる。
❹冷蔵庫で冷やしかため、食べるときにエバミルクをかける。

お菓子は季節のフルーツなどでよく作る。タピオカは30年以上前から使っているよ。新しくてうまそうな食材を見つけたらすぐにトライしてみるから。タピオカココナッツミルクはもちろん、温かくしてあずきを加えた、和風の味にしてもいい。

和菓子で自慢なのは、栗のきんとんかな。栗の季節に栗を蒸してつぶし、きんとんにするとこれが好評。形はなるべく栗に似せて小さめの茶巾絞りにするといいね。

マンゴープリンも最近大人気のデザートだ。本当によく熟したおいしいマンゴーだと砂糖は入れなくても十分に甘い。もし甘さが足りないマンゴーだったら、少し砂糖を加えて。マンゴープリンには生クリームではなくエバミルクを添えると、生クリームよりさっぱり食べられる。プリンと混ぜながら食べるとおいしいよ。

加山家の食卓の思い出③

コース料理はデザートまで必ず手作りするのがこだわり

甘いものが大好き。食事の最後には、デザートは絶対に欠かさない。最近はお腹が出るから控えているけれど(笑)。

意外に思われるけど、実は子どものころからお菓子が好きで、特にミルキーは大好物。大吉入りやマークが7つそろった「当たり」の包装紙はレシピノートにはさんで取っておいている。ほかにもビスコやクリームコロンみたいなお菓子は今でも好きだね。

自分でもお菓子はよく作る。みんなから好評なのはタピオカスイーツやスイカのシャーベット、栗きんとん、マンゴープリン、梅酒ゼリー、オレンジピール、洋梨のコンポート、キャラメルアイスクリーム、クレープシュゼットなどかな。

アイスクリームも自分で作るとうまいんだ。今はアイスクリーマー

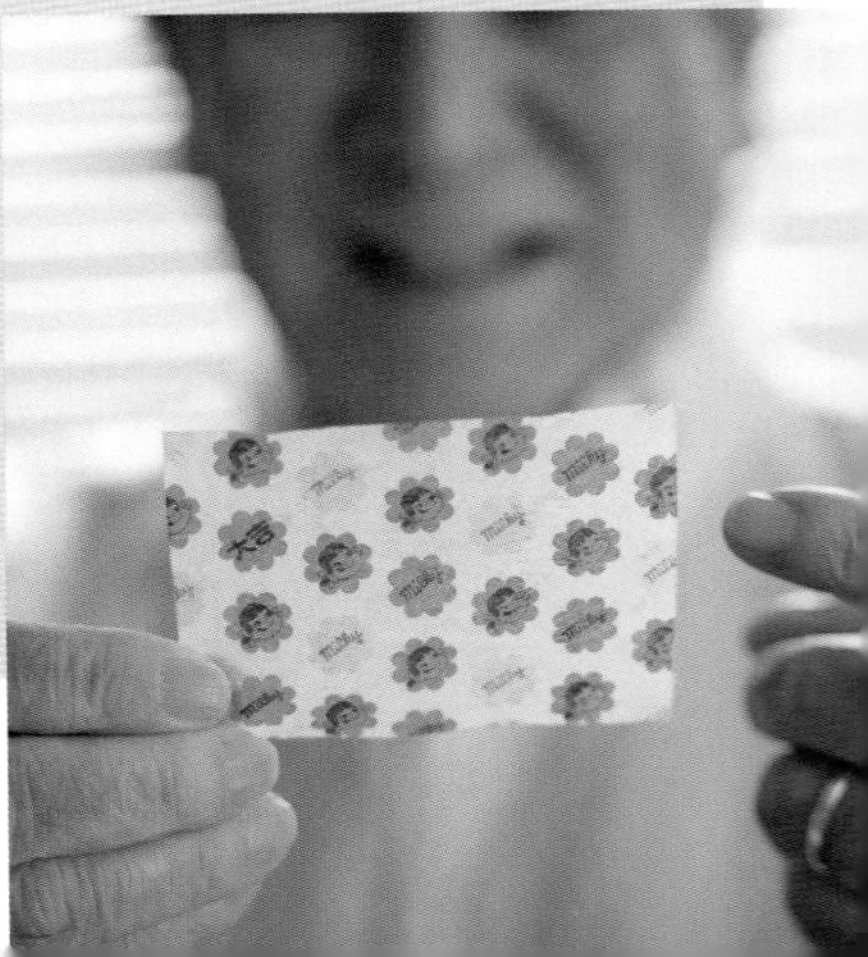

ミルキーの包装紙に「大吉」という文字が印刷されたのが入ってるの、知ってるかい？　これなんて、斜めに7つマークがそろってるんだ、貴重だよ。

を使って簡単にできるようになったね。シャーベットは1時間ごとにかき混ぜて、手間をかけて作ると口当たりがなめらかになる。

コース料理の後には季節のフルーツのコンポートなんかも食べたい。りんご、梨、桃、あんずとか、旬のものを使って、それぞれに合った洋酒やリキュールをちょっと入れる。

とにかくコース料理を作ったら、デザートまで手作りするのが鉄則。和食のコースだと和菓子も作る。クレープシュゼットはコースの最後にみんなの目の前でフランベすると歓声が上がるよ。

それから、家族みんなが好きなのはアップルシナモンケーキ（写真下）。「みっちゃんの。」ケーキと呼んでいるのだけど、かみさんの叔母のみっちゃんがフランス人の友人に教えてもらったレシピをもとに、バターを良質な米油に替えて作ったケーキ。紅玉りんごの季節には必ず作るよ。ふわっとした軽い食感で食べやすい。コーヒーにも紅茶にも洋酒にも合うところがうれしい。

デザートはフレンチレストランに行ったときに食べたものを再現したりして、自己流で作っている。娘たちは子どものときからお菓子作りが好きだったから、今でもよく作ってくれるよ。

「みっちゃんの。」と呼んでいる加山家全員お気に入りのアップルシナモンケーキ。軽いから、朝食代わりにしてもいいよ。

光進丸（３代目）のキッチン。コの字型のコックピットのようになっていて、２口コンロなんだけど間に合わないから卓上コンロも使って、同時に３台で調理するんだ。振り返ったら調理台。使い勝手がよかったな。

第3章 光進丸のまかない料理

50年以上も俺の大切な相棒だった光進丸。
長い航海中には、みんなを飽きさせないよう
普段以上に知恵を絞って毎日の食事を作った。
その結果、想像をはるかに超えるような
驚きのレシピが次々誕生したんだ。

辣油
使いきり

何日も海の上にいると、毎日の食事が大きな楽しみ。思いがけないメニューも！

1964年に進水した初代から、2018年に焼失してしまった3代目まで、光進丸は、俺の人生における最高の相棒だった。多いときは月に10日ほど、時間があれば船に乗り、よく長い航海にも出た。独身時代は男ばっかりの旅、家族ができると子育ての場としても大きな役割を果たしてくれた。船が大きくなるにつれ、あちこちの海へ出かけ、一緒に航海を楽しむ仲間もどんどん増えていった。

船で作った曲があり、描いた絵もある。

本当に光進丸の思い出は尽きない。突然の火災で失ってしまったとき

は、「今までたくさんの幸せをありがとう」と、思わず心の中で手を合わせた。

光進丸のおかげで、俺の料理の腕が上がったと言っても過言ではない。何日も海の上にいると、毎日の食事が大きな楽しみになるんだよ。だから、いろいろ工夫しておいしいものを作ろう、手の込んだものに挑戦しようと、普段以上に知恵を絞り、その結果として思いがけないメニューが生まれたりしたんだ。

ひらめきのアレンジで味変を楽しむ

この本の最初に紹介した鶏豚鍋（32ページ）は、別名「光進鍋」って言って、船の中でどんどん進化したものだ。おふくろが作ってくれていた上原家の鍋を「第1光進鍋」とすると、今では「第8光進鍋」まである。

加山家でよく食べた鶏豚鍋が第2、それにあさりや帆立、えび、牡蠣などの魚介を何種類も追加した第3、鶏豚鍋に韓国のキムチと一味唐辛子をたっぷり入れて真っ赤にした辛い第4。これは「カラカラ鍋」とも呼んでたな。

次に第3と第4を一緒にした、やはり辛くてシーフードたっぷりの鍋が第5、鶏豚鍋のスープにオリーブオイルで炒めたにんにくとコンソメスープを加え、スペイン風にアレンジしたのが第6、別名ソパ・デ・アホ（38ページ）。鶏と豚に牛肉も加えた第7、鯨を入れたハリハリ鍋が第8。そうやって、どんどん鍋の定番が増えていった。

要するに毎日同じものじゃ飽きちゃうから、ひらめくままにアレンジして味変を楽しんでいたわけだ。やっぱり鍋は簡単だし、みんなで食べるとうまいんだよ。

まかないで鍋と同じくらいよく作ったのは、何といっても鉄板焼き。その時々で、いろんなものを焼いて食べたなあ。最後にごはんを炒めて、締めとする。

光進丸（2代目）で長崎航海をした時の写真。船の中では、カレーを食べることが多かったな。

そのバリエーションもすごいんだよ。ガーリックライス、ドリアとリゾットを一緒にしたドゾット、コンビーフライス、炒飯にピラフ。鉄板で炒めると、何でもうまい。船では、1升炊きの炊飯器で米を炊いてたな。

光進丸でも、フルコースでおもてなし

光進丸にストックしていた食材は、野菜、肉類、魚介類、穀物、乳製品、調味料、飲料など200品目以上。帝国ホテルのコンソメスープ缶やキャンベルのクリームマッシュルーム缶のほか、コンビーフ缶、かに缶などよく使う缶詰は大量に常備していたし、フォアグラ、キャビア、トリュフの世界三大珍味もぜいたくに取りそろえていた。本格的なフルコースのディナーで、乗船してくれた人をもてなしたかったからね。

船に乗ったら、まず台所に直行し、オックステールスープ（112ページ）のようにでき上がりまで時間のかかるものを仕込んでおく。それから出航の準備をする。

航海中も、操縦士として舵を取りながら、ちょっと台所に寄ってはスープのアクを取る。それを繰り返しているうちに、ディナーの一品ができ上がるんだよ。料理は、段取りがよくないとね。

洋食器は、アビランドをセットで買いそろえた。一人ひとりの席に、船の形に折ったザ・リッツ・カールトンのテーブルナプキンを置き、自作のメニュー表も添えて、一流レストランのようにテーブルセッティングしたんだ。メニュー表にはサインするためのスペースを空けておき、「おいしい」と言ってくれた人にはサインすると言ったら、みんな「おいしい、おいしい」って(笑)。

俺とゆっくり話をしたがる人も多いんだけど、船の上ではやることが多すぎて、なかなかテーブルに着けない。料理に合わせたワインを薦めるのも俺の仕事だし、食事の後に披露する演奏や歌の準備もあるしね。全部ひっくるめて、俺のもてなしだから。

50周年を記念し、抽選でファンの方々を光進丸に招待してクルージングしたこともあった。俺が作った料理を食べてもらい、歌も楽しんでもらう企画だった。

そのとき、末期がんのお父さんを連れてきた娘さんがいてね。「父が急に元気になった」って喜んでくれたんだ。そんな話を聞くと、特別な気持ちになって、「ああ、もっと喜んでもらえるようにがんばらなくちゃ」と思うよね。光進丸は、そうやっていつも俺に力をくれた。

若いころから、悩みや苦しみに押しつぶされそうになると、よく船に乗って海に出た。海という大きな存在に抱かれていると、自分の小ささを思い知らされ、「一人で何とかしようと思わないで、自然の流れに身をまかせてみよう」という気持ちになる。そうすると不思議なことに、嵐で難破しそうになっていた日々でも、やがていい波に乗ることができたんだ。

鉄板焼き

大勢で鉄板を囲んで
焼きながら食べる料理は最高

材料と作り方

鉄板焼きには特にルールはない。材料は肉あり、海の幸あり。野菜も季節のものをふんだんに取り入れて豪快に焼くだけ。大勢で食べるので、肉の鉄板と魚介の鉄板は分けて焼く。ただし、最後の締めは、肉の鉄板はガーリックライス、魚介の鉄板は牛乳を加えてドゾットにするのが決まり。うま味のしみ込んだ鉄板で最後に作るごはんは、最高のごちそうになる。

ホット塩辛

いかの内臓は
トースターで
焼いておつまみに

材料（作りやすい分量）

するめいか…1杯
酒…100㎖
しょうゆ…大さじ½
顆粒昆布だし…小さじ1
こしょう…適量

作り方

❶いかは胴を開き、わたを取る。足、えんぺらを切り離す。
❷足とえんぺらを2㎝ほどの長さに切り、わたと一緒にグラタン皿に入れ、酒、しょうゆ、昆布だし、こしょうを加えて軽く混ぜる。
❸オーブントースターに❷を入れ、10分焼く。わたをつぶすようにかき混ぜて、さらに5分焼く。

ドゾット（168ページ）にかけて食べるとうまい！

ガーリックライス

このために牛肉を残したくなるほどうまい!

材料(2人分)

牛肉…100g
ごはん…300g
にんにく…1片
青じそ…4枚
バター…大さじ2
塩、こしょう…各適量
しょうゆ…大さじ1½

作り方

❶牛肉は小さく切る。にんにくはみじん切りに、青じそはせん切りにする。
❷鉄板にバターを溶かし、にんにく、牛肉を炒め、ごはんを加えて炒め、塩、こしょうをふる。
❸しょうゆを回し入れて炒め、青じそを散らす。
*肉を焼いた鉄板(またはホットプレート)で作るとよい。

光進丸では家族や海の仲間、お客さまを誘ってよくバーベキューをしていた。そして、バーベキューで残った牛肉を使って最後にガーリックライスを作るのが定番だった。

これがすごく好評で、家族もみんな大好き。今では加山家の代表的なごはん料理といえる。

バーベキューの後の肉や野菜のうま味が残った鉄板だと、ごはんを炒めただけでもシンプルにおいしい。

ガーリックスライスはまさに肉のうまさと、料理に欠かせないにんにくの風味をごはんに閉じ込めた味。最後にしょうゆを鉄板でジュッと焦がして香ばしく。何といってもバターで炒めるのがコツなんだ。

ドゾット

ドリアでもリゾットでもないなあ
…ドゾットだ！

材料（２人分）

するめいか…½杯
えび…３尾
帆立貝柱…４個（60ｇ）
ごはん…300ｇ
牛乳…150㎖
生クリーム…50㎖
バター…大さじ１
顆粒昆布だし…小さじ½
塩…小さじ１
こしょう…適量
粉チーズ…適量

作り方

❶魚介類は細かく切る。
❷鉄板にバターを溶かし、魚介類を炒めて昆布だし、塩、こしょうをふる。
❸ごはんを加えて炒め、牛乳、生クリームを加えて混ぜ、軽く煮詰まったら粉チーズをふる。
＊魚介を焼いた鉄板（またはホットプレート）で作るとよい。
＊お好みでおこげを作る。
＊ホット塩辛（164ページ）をかけて食べるのもおいしい。

魚介とごはんを炒めたところに牛乳と生クリームを投入。

よく混ぜ合わせて水分がなくなるまで煮詰める。

最後に粉チーズをふってひと混ぜする。

コンビーフライス

船で最も活躍する缶詰のひとつがコンビーフ。焦がししょうゆで香りづけ

材料（2人分）

コンビーフ…小1缶（80g）
ごはん…300g
玉ねぎ…1/2個
卵…3個
サラダ油…大さじ1
塩、こしょう…各適量
しょうゆ…大さじ1/2
粉チーズ…小さじ1
顆粒コンソメ…小さじ1/2

作り方

❶コンビーフはサイコロ状に切り、玉ねぎは粗みじん切りにする。
❷卵は溶き、塩、こしょう各少々で下味をつける。
❸フライパンに油大さじ1/2を熱し、❷を流し入れ、いり卵を作り、器へ取り出す。
❹フライパンに油大さじ1/2を熱し、玉ねぎを炒め、コンビーフ、ごはんを加えてさらに炒める。
❺こしょう少々、粉チーズ、コンソメを加え、しょうゆを焦がして香り付けをし、最後に❸のいり卵を戻し入れ、混ぜ合わせて器に盛る。

アメリカに滞在するときはスーパーによく行き、おいしい肉を買ってバーベキューをするのが好きだった。船でも、もちろん肉を焼いてよくバーベキューをしたね。ステーキピラフもよく作ったけど、肉ではなくコンビーフの缶詰を使ったピラフもおいしいよ。

コンビーフライスは船の中で開発したメニューで、調理しやすくて素早くできる。光進丸の船員にも大好評だった。

味の決め手はコレ！

ノザキのコンビーフじゃないと、おいしくできないんだ。

かに五目チャーハン

かに缶は船の中のごちそう。いり卵と相性もバツグン

材料（2人分）

卵…2個
かに缶（たらばがに）…1/4缶（30g）
ハム…4枚
チャーシュー…50g
長ねぎ…1本
ごはん…300g
しょうゆ…小さじ1
中華だし…小さじ1/2
牛脂…20g
塩、こしょう…各適量

作り方

❶ボウルに卵を割り入れて溶き、かに缶の缶汁大さじ1、塩とこしょう各少々を加えて混ぜる。
❷かにはほぐす。ハム、チャーシュー、長ねぎは粗みじんに切る。
❸フライパンに牛脂を熱し、❶を流し入れていり卵を作り、器へ取り出す。
❹❸のフライパンでハム、チャーシュー、長ねぎを炒める。ごはんを加えて炒め合わせ、かにを加えてさらに炒める。
❺中華だし、しょうゆで調味し、塩とこしょう各少々で味をととのえる。
❻❸のいり卵を戻し入れ、混ぜ合わせて器に盛る。

味の決め手はコレ！

かに缶はたらばがにがおいしいんだ。最近は値段が上がっているが、昔はそんなでもなくて、よく流通してたから使いやすかった。

鮭缶のサーモンパスタ ポーチドエッグ添え

どんな料理にも使いやすい鮭缶は 船上でなくてはならない缶詰

材料（2人分）

鮭缶…1缶（60g）
玉ねぎ…1/4個
トマト…1個
にんにく…1片
パスタ（スパゲティ／1.6㎜）…180g
乾燥オレガノ（または乾燥パセリ）…適量
顆粒昆布だし…小さじ1/2
塩、こしょう…各少々
オリーブオイル…大さじ1
◎ポーチドエッグ
「卵…2個
「酢…適量

作り方

❶パスタは袋の表示時間通りに塩ゆでする。
❷ゆでている間に、玉ねぎ、トマト、にんにくを粗みじん切りにする。
❸ポーチドエッグを作る。鍋に湯を沸かして酢を加え、卵を割り入れて卵白が白くなったら黄身に寄せ、玉じゃくしですくう。
❹フライパンにオリーブオイルを熱し、❷、ほぐして骨と皮を除いた鮭を入れて炒め、昆布だしをふり入れる。
❺パスタを湯切りして❹に加えて具とからめ、オレガノ、塩、こしょうで味をととのえる。
❻器に盛り、ポーチドエッグを添える。

味の決め手はコレ！

鮭の種類には銀鮭、白鮭などがあるけれど、色がきれいなのは紅鮭。色をきれいに出したいときにおすすめだ。

サイコロステーキピラフ目玉焼き添え

玉ねぎは生のまま散らして、混ぜながら食べるのがうまいんだ

材料（2人分）

牛フィレ塊肉…200g
ごはん…300g
玉ねぎ…1/8個
太白ごま油…大さじ1
塩…少々
パプリカパウダー…適量
◎スペシャルソース（作りやすい分量）
たまりじょうゆ…200ml
しょうゆ…200ml
酒…大さじ2〜3
みりん…大さじ2〜3
砂糖…大さじ1
にんにくのすりおろし…小さじ1
こしょう…少々
卵…2個
サラダ油…適量

作り方

❶スペシャルソースを作る。小鍋にすべての材料を合わせ、火にかけ、ひと煮立ちさせ、こす。
❷牛肉は約1cm角に切って塩、パプリカパウダーをふる。玉ねぎはみじん切りにする。
❸フライパンに太白ごま油大さじ1/2を熱し、牛肉を炒める。焼き色が付いたら、いったん取り出し、スペシャルソースを大さじ1ほど回しかけておく。
❹フライパンに太白ごま油大さじ1/2を熱し、ごはんを入れて炒め、スペシャルソース適量で味付けする。
❺牛肉を戻し入れ、ごはんと炒め合わせる。
❻別のフライパンにサラダ油を熱し、卵を割り入れて目玉焼きを作る。
❼❺を器に盛り、目玉焼きをのせて玉ねぎのみじん切りを散らす。
＊スペシャルソースは冷蔵庫で1カ月程度の保存が可能。

トマトライス

トマトの季節にぜひ試してほしい、簡単でおいしいごはん

材料（2人分）

トマト… 小2個
ごはん… 300g
バター… 大さじ2
顆粒昆布だし… 小さじ½
ガーリックパウダー… 各少々
塩、こしょう… 各少々
焼きのり… 適量

焼きのりとの相性はバッチリ。昆布だしとともに和風っぽさが加わる。

作り方

❶トマトはヘタを取り、皮をむいて粗みじん切りにする。
❷フライパンにバターを溶かし、トマトを炒める。
❸ごはんを加えてなじませながら炒め、昆布だし、ガーリックパウダーで味付けをし、塩、こしょうで味をととのえる。
❹器に盛り、焼きのりをちぎって散らす。

トマトライスは母が作ってくれたのが最初で、子どものころから食べていた料理なんだ。

そのときは、トマトとごはんを炒めて塩、こしょう味だったはず。でもガーリックパウダーや昆布だしを入れたりして、だんだんおいしくなって今に至る。

完熟トマトの皮をむいて、刻んで炒めるだけ。具はトマトだけがいい。トマトの味を十分に楽しめる。

そして、最後に焼きのりをぱらり。ただそれだけでおいしさが引き立つ。

このトマトライスは、よくあるケチャップライスよりあっさりしているのがいいところ。このごはんをオムレツで包んで、オムライスにする人もいるようだよ。いいアイデアだと思う。

カレー南蛮うどん

まかないで大人気の若大将名物うどん

材料（2人分）

豚バラ薄切り肉…160g
玉ねぎ…1/4個
長ねぎ…1/2本
うどん（冷凍）…2玉
A
- 顆粒和風だし…小さじ1/2
- 顆粒昆布だし…小さじ1/2
- しょうゆ…大さじ5
- みりん…大さじ4
- 酒…大さじ3
- 砂糖…大さじ1/2

カレー粉…大さじ2
水溶き片栗粉…大さじ3
水…400〜500mℓ

作り方

❶豚肉はひと口大に切る。玉ねぎは食べやすい大きさに切り、長ねぎは4cm×5mm幅の短冊切りにする。
❷鍋に水とうどんを入れて火にかける。煮立ったら、豚肉、玉ねぎ、長ねぎの半量、Aを加える。
❸❷の汁少々でカレー粉を溶きながら加える。
❹水溶き片栗粉でとろみをつける。
❺丼にうどんを入れて❹の汁をかけ、取り分けておいた長ねぎをのせる。

*辛さは、お好みで調整を。

光進丸で「若大将のカレー南蛮うどん」として人気だった。船の上ではカレーが一層おいしく感じる。俺流カレーうどんの一番の特徴は少し甘いところ。カレーもあまり辛くしない。みりんがきいたしょうゆだしに、砂糖を加えて甘辛にする。辛さ、甘さはお好みで加減してよ。

そこにカレー粉を溶き入れ、水溶き片栗粉でとろみをつけると、うどんに汁がからんですごくいいよ。長ねぎは半分を生でとっておいて、最後に散らすと、煮た長ねぎとは食感の変化が出ていいんだ。

カレー粉はS&Bの赤缶、カレーライスでカレールウを使うときはS&Bフォン・ド・ボー ディナーカレーが定番。うどんはまかないで手早く作りたいときによく登場するメニュー。さっと使いたいときに便利だから、冷凍庫に冷凍うどんは欠かせない。

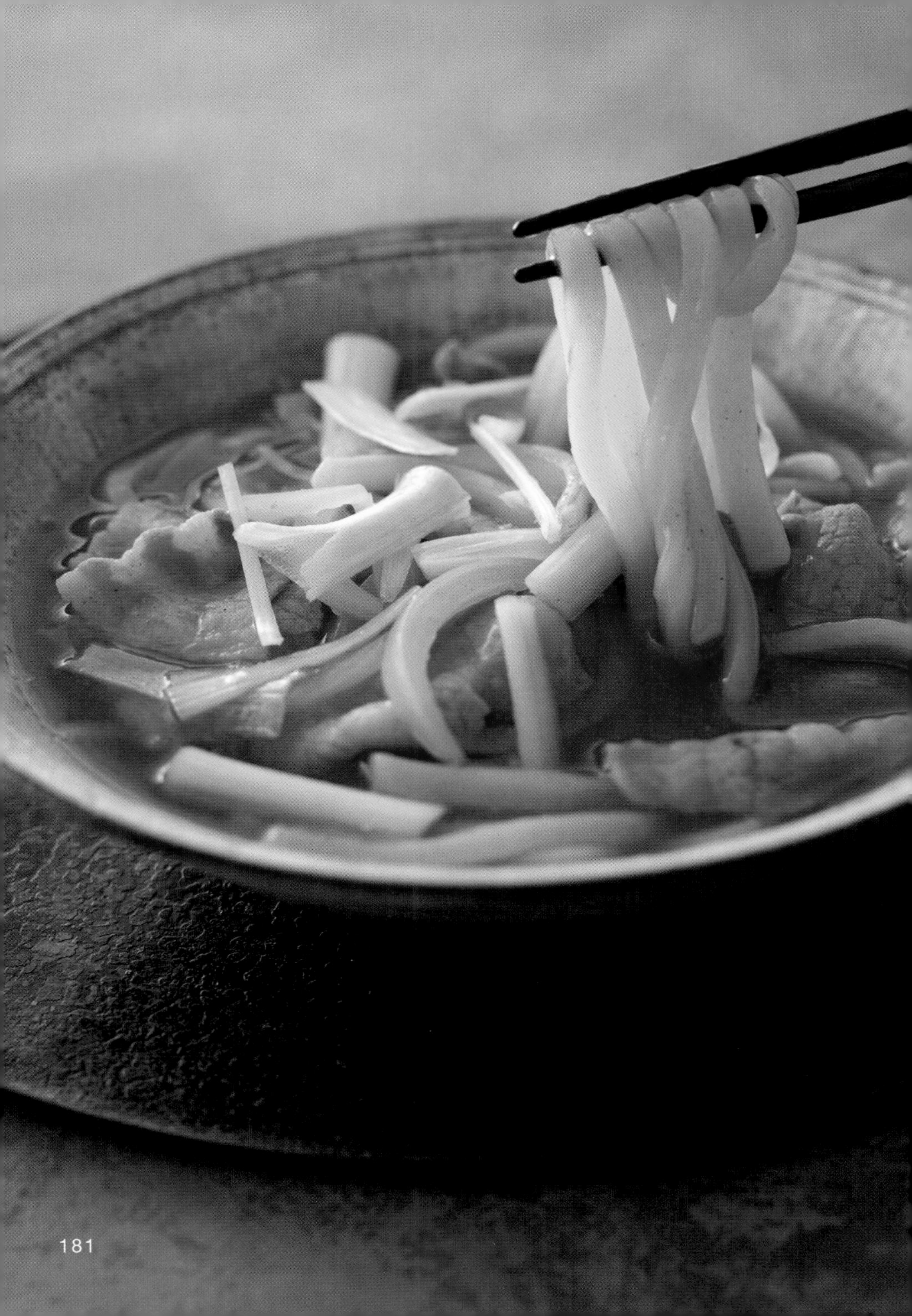

俺のお気に入りの調味料

気に入ってよく使っている調味料が
いくつかあるから紹介しよう。
いつもストックしていたんだ。

洋食を作るときの
秘密の隠し味

ブルドック 中濃ソース

ロールキャベツや若大将流オムライス、砂肝のスペシャルソース漬けなど、いろんな料理の隠し味に使っているよ。

カレー粉は赤缶愛用
スパイスの香りがいい

S&B　赤缶カレー粉

カレー粉は、これに限る。スパイスの香りがたまらないよね。カレーを作るときのカレールウは、「フォン・ド・ボー　ディナーカレー」を昔から愛用している。

帝国ホテル
コンソメスープ

このスープ缶は、自宅にも、光進丸にもいつも大量にストックしていた。スープストックにはこだわりがあるんだが、作る時間がないときは、このスープ缶が役に立った。

洋風茶わん蒸しには
これが欠かせない

キャンベル
濃縮缶スープ
クリームマッシュルーム

加山家のホワイトカレーは、かなり自慢の逸品。子どもたちが小さいころに辛くないカレーを作ろうと考えたとき、この缶詰を味のベースにしたんだ。絶品だぜ。

ホワイトカレーの
味のベースに使う

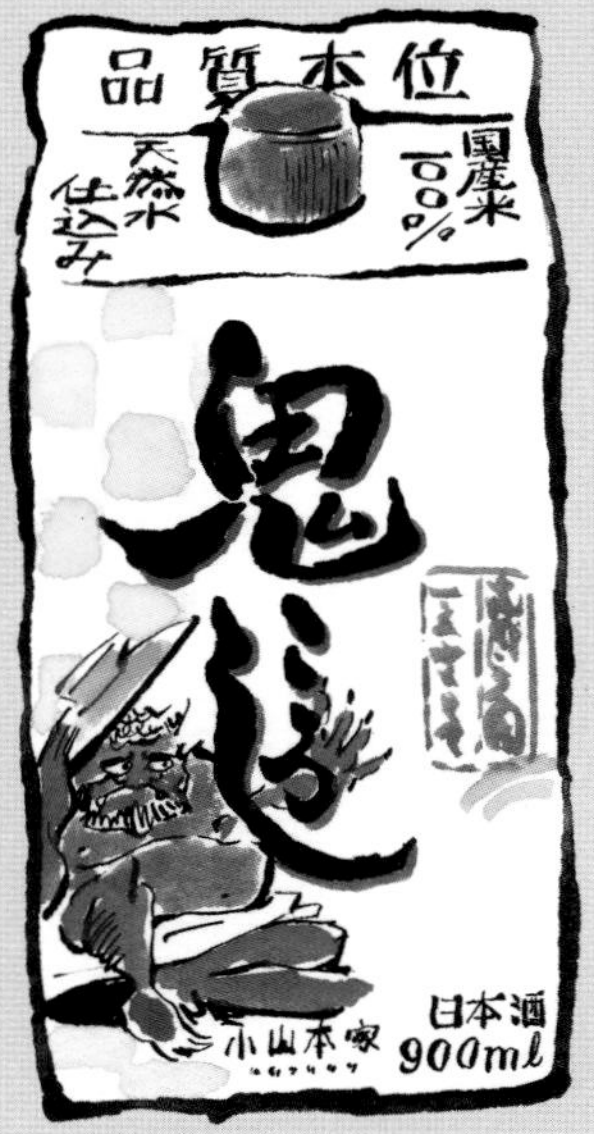

辛口の日本酒が
料理の味を引き締める

小山本家酒造
鬼ころし

料理に使う酒は、「鬼ころし」と決めている。辛口で料理にパンチとコクを与えてくれる。オックステールスープなんかは、酒をたっぷり入れるのがコツなんだ。

帆立のディップには
これがなくちゃ

カルビー
堅あげポテト
ブラックペッパー

帆立のディップ（127ページ）には、絶対にこのポテトを添えてほしい。うまいのなんのって、たまらないんだから。試してみてよ。

酸味が少なく
まろやかな味

味の素
ピュアセレクトマヨネーズ

酸っぱいのが苦手なんだ。だから、マヨネーズはこれを使っている。コクがあって酸味が少なく、まろやかで優しい味が気に入っている。

コンビーフライスには
これじゃなきゃ

ノザキのコンビーフ

コンビーフライスは、ノザキの缶詰じゃなきゃおいしくないんだ。今は、ワンタッチで開けられるようになってるんだって!? すごいよね。

辛い光進鍋は
このキムチの素を使う

シマヤ
こんぶだしの素（顆粒）

北海道産の昆布を使っただしの素。料理によっては、和風だしと組み合わせて使っている。顆粒だしは手軽に使えて便利だよね。料理のハードルが低くなるから、便利なものはどんどん使ったらいいと思っているよ。

いろいろな料理に
少し使うとおいしくなる

サンダイナー食品
キムチハングク　キムチの素

辛い第4光進鍋の味の決め手が、この調味料。鶏豚鍋の材料にこのキムチの素を入れて、作ってみな、うまいから。キムチの素にはいろいろあるけど、俺の好みはこれだよ。

銀座のギャラリーに遊びにおいでよ

２０２２年７月から２０２４年４月まで、
銀座でギャラリーをオープンしているんだ。
俺が長年描いている絵画や、
使っていたギターを展示しているよ。
俺が作った光進丸の模型なんかも、飾ってある。
一日中、音楽と映像が流れているから、楽しいよ。
ぜひ来てくれるとうれしいな。

KAYAMA YUZO GINZA GALLERY 2022 > 2024

愛用のギターや俺が作った光進丸の模型、小学生のときに描いた絵なんかも展示してるんだ。

展示している絵画は販売もしているよ。

加山雄三銀座ギャラリー

営業時間　ホームページでご確認ください。
定休日　火曜日、水曜日　入場　無料
〒104-0061 東京都中央区銀座6-7-2
みゆき通りミワ宝石店地下１階
アクセス
JR 有楽町駅 徒歩５分 / 地下鉄銀座駅 徒歩１分
地下鉄銀座駅B3 出口右折して新橋方面に徒歩１分
shop.kayamayuzo-gallery.com

加山の料理の思い出

　結婚したばかりのころは、女優業で忙しくしていましたので、ごはんの炊き方も知らないくらい、料理はひとつもできませんでした。主人は事業の倒産真っ只中で、仕事がなく暇でしたので、料理はすべて主人に教わりました。私も勘が良い方でしたので、すぐに覚えました。そのころ、コンビーフフライスをよく作ってくれたことを思い出します。

　主人とふたりで考案した思い出の料理はバラハンです。ハンバーグを作るより簡単で、忙しいときにもすぐできます。残ったバラハンは翌日ゆで卵をみじん切りにしてマヨネーズと軽く塩で味をととのえてトーストにのせたり、サンドイッチの具にしたり。わが家の人気メニューになりました。

　鶏豚鍋も思い出深い料理です。結婚前に主人の母がよく作ってくれました。この鍋の特徴は「たれ」です。野菜類はポン酢しょうゆで食べますが、豚肉はガーリックパウダー、塩とこしょうを鍋のだし汁で溶いたものにつけて食べます。このような食べ方はどこにもないと思います。鶏豚鍋を食べるたびに主人の母を思い出し、母の思い出の話になります。

加山家はお客さまが多い家庭でした。大勢のお客さまのときは、主人と手分けしてたくさんのお料理を作り、ビュッフェスタイルでもてなしました。主人の作るメインディッシュができ上るまでは、私の作ったオードブルなど何品かでおもてなしをしていました。よく作ったのが、かきのオーブン焼き、えびと玉ねぎのカナッペなどです。

主人は63歳のころにお酒を一切断ちましたので、プレゼントにいただいたドンペリを、デザートの洋梨を煮込むときに使ったりしていました。私が「いくら何でも、料理酒にドンペリを使うなんて……」と申しましたら、「俺にプレゼントされたものなんだから、俺が使うのに文句あるか」と呆れたことを言っていたことも、今になれば楽しい思い出です。

松本めぐみ

人生で大切なのは「関心、感動、感謝」

楽しい時間も、やがて終わる。

始まりがあれば、終わりもあるのが人生。

そんな限られた時間の中で、俺の料理を食べ、俺の歌を聴いて喜んでくれる人たちがたくさんいたと思うと、もう感謝しかない。

多額の借金や九死に一生を得た事故、二度の病気、光進丸の火災など、苦しいこと、つらいこともたくさんあった。でも、何度もどん底を味わったからこそ、人の優しさやありがたさに気付くことができたのだと思う。その時々で助けてくれた人たちとの出会いがあったから、今も元気に生きている。

すべてが順調に行っているときは見過ごしてしまうような出来事にも関心を持ち、些細《ささい》なことにも感動する心を持てるようになったのは、何があっても逃げずにすべてを受け入れ、周りの人たちに支えられながら乗り越えてきたからだろう。

人生で大切なのは、「関心、感動、感謝」の3カン王。

俺の座右の銘だ。

今年86歳になり、人前で歌ったり料理をふるまったりすることには一区切りつけたけど、100歳まで生きることを目標に、生ある限り自分の力を最大限に生かし、世の中の役に立ちたいという気持ちはずっと変わらない。

だから、この本に興味を持ち、俺のレシピで料理を作り、大切な人と食卓を囲んで幸せな時間を過ごしてくれる人が、一人でも増えることを心から願いたい。

みんなの思い出の中に、いつもおいしい料理と笑顔がありますように。

2023年10月

加山雄三

加山雄三（かやま　ゆうぞう）
1937年4月11日生まれ。父は俳優の上原謙、母は女優で美容体操家の小桜葉子。神奈川県茅ケ崎市で育ち、慶應義塾高等学校から慶應義塾大学法学部へ進み、卒業後の1960年春に東宝へ入社。同年、映画『男対男』で俳優デビュー。1961年レコード「大学の若大将／夜の太陽」で歌手デビュー。NHK『紅白歌合戦』出場17回。代表曲多数。後のフォークソングやニューミュージック全盛時代に先立つ、日本におけるシンガーソングライターの草分け的存在であり、また日本ではじめて多重録音を手がけた歌手でもある。作曲家、ギタリスト、ウクレレ奏者、ピアニスト、画家としても活躍。

食《た》べた人《ひと》が笑顔《えがお》になる　それが最高《さいこう》の喜《よろこ》び
幸《しあわ》せの料理帖《りょうりちょう》

2023年10月12日　初版発行

著者／加山《かやま》 雄三《ゆうぞう》

発行者／山下 直久

発行／株式会社KADOKAWA
〒102-8177　東京都千代田区富士見2-13-3
電話 0570-002-301（ナビダイヤル）

印刷所／TOPPAN株式会社

製本所／TOPPAN株式会社

●お問い合わせ
https://www.kadokawa.co.jp/（「お問い合わせ」へお進みください）
※内容によっては、お答えできない場合があります。
※サポートは日本国内のみとさせていただきます。
※Japanese text only

定価はカバーに表示してあります。

ISBN 978-4-04-606460-8　C0077